公共工程合同新履行保证制度

［日］草苅耕造　著

邓晓梅　顾林生　黄湘露　译

中国建筑工业出版社

著作权合同登记图字：01－2002－2321 号

图书在版编目（CIP）数据

公共工程合同新履行保证制度／（日）草苅耕造著；邓晓梅等译．—北京：中国建筑工业出版社，2004
ISBN 7－112－06462－7

Ⅰ．公⋯　Ⅱ．①草⋯ ②邓⋯　Ⅲ．公共工程－经济合同－担保－制度－日本　Ⅳ．D931.33

中国版本图书馆 CIP 数据核字（2004）第 033897 号

こうきょうこうじけいやく　　しんりこうはしょうせいと
公共工事契約と新履行保証制度
——考え方と实际
2001 年 1 月 30 日　第 1 版第 1 刷发行

著　者　草苅耕造
发行者　林　克行
发行所　株式会社　日本評論社
　　　　〒170－8474　東京都豊島区南大塚 3－12－4　振替　00100 3－16
　　　　　　　　　電話　03－3987 8621（販売：FAX－8590）
　　　　　　　　　　　　03－3987 8631（編集）

印刷所　平文社
製本所　牧製本印刷
装　丁　海保　透
ⓒ2001 K. Kusakari

検印省略

ISBN4 535－51259－0

Printed in Japan

本书由日本株式会社日本评论社授权翻译出版

责任编辑：崔　勇
责任设计：郑秋菊
责任校对：赵明霞

公共工程合同新履行保证制度
[日] 草苅耕造　著
邓晓梅　顾林生　黄湘露　译
＊

中国建筑工业出版社出版、发行（北京西郊百万庄）
新　华　书　店　经　销
北京嘉泰利德制版公司制版
北京建筑工业印刷厂印刷
＊
开本：850×1168 毫米　1/32　印张：8⅝　字数：240 千字
2004 年 8 月第一版　　2004 年 12 月第二次印刷
定价：**22.00** 元
ISBN 7－112－06462－7
TU·5702（12476）

目　　录

资 料 汇 编

前　言

为了确保招投标与合同制度的透明度、公共性以及竞争性，中央建筑业审议会在 1993 年 12 月 21 日提出了"关于公共工程的招投标与合同制度的改革"的建议。根据此建议，在 1994 年以后，国家和地方自治体政府对招投标与合同制度采取了各种各样的改善措施。

特别是我国（译者注：指日本），在公共工程履行保证制度中占主流的"工程完成保证人制度"①被认为是助长围标行为的一种不合理制度，政府采取了方针决定废除。因此，当务之急是要采取新的制度来替代该制度。为此，1994 年 6 月 2 日成立了由学识经验丰富的专家组成的"履行保证制度研究会"，作为建设省（译者注：相当于中国的建设部）建设经济局长的内部咨询机构。研究会吸收了合适的有实际业务经验的人参加，集中精力讨论新履行保证制度，并在 12 月 26 日提出了报告。根据该报告，1995 年 5 月 23 日中央建筑业审议会提出了"废除工程完成保证人制度与引进新履行保证制度"的建议。6 月 16 日，国家答复该建议，修改了预算决算及会计令，把新采取的"公共工程用的履行保函（日：履行保证证券，同英文：Performance Bond②）"作为新履行保证制度的一种方法给予明确的定位。同日，自治省行政局长对各都道府县的知事发出通知，指出"采取履约保函制度，从 1996 年度（译者注：日本会计年度为 4 月 1 日开始）开始废除工程完成保证人制度，特别是受国际批判的指名投标人③相互担保的工程完成保证人制度在过渡期的 1995 年度提前废除。"（资料 1）

1995 年 10 月 1 日，建设省开始对直接管辖的工程，试验性地实施新履行保证制度。这个修改对我国（日本）的公共工程合同制度，特别是它的保证制度进行了根本的修改，具有划时代的意义。1996年1月26日，根据一段时间的试行，自治省行政局行政科长，向各都道府县的总务部长发出通知，请求"废除原来的工程完成保证人制度，实行新履行保证制度"，并委托他们通知所辖的市村町彻底贯彻实施新制度（资料2）。

以都道府县的市村町为中心的地方政府在以前就已经在讨论和研究修改公共工程的招投标与合同制度，所以行动比较快，从1996年4月1日就开始全面废除工程完成保证人制度，及采用新履行保证制度。

在引进新履行保证制度这项制度期间，笔者与以建设省、建筑企业、损害赔偿保险公司为中心的有关人员积极地交换意见，推进该制度的实施。在这个意义上，笔者对这项新制度的成功失败非常关心。笔者并从1999年8月底开始对新履行保证制度的现状和问题在国家（日本）各机构以及所有的都道府县的市村町政府进行邮件问卷调查。

调查的年度是1996年至1998年三个年度。在日本国家机构中，得到了总务厅、北海道开发厅、法务省、国土厅、建设省、自治省、邮政省、众议院、参议院9个机构的协作。得到了关于1998年度承包合同47,992个和承包合同金额29,693亿日元的数据。根据建设省的统计，同年度的公共工程开工金额为29,838亿日元，所以说调查得到数据的比率为99.5%。关于日本地方公共团体，共得到25个都道府县政府、东京都23个区政府、422个市、760町、183村合计1,413团体的协作。还有，与北海道、岩手县、宫城县、山形县、福岛县、次城县、群马县、崎玉县、千叶县、东京都、神奈川县、德岛县、香川县、爱媛县、高知县、冲绳县的1都1道14个县、9个区、56个市、44个町、7个村合计122个地方公共团体进行了直接面对面访问调查。其结果，关于地方公共团体，得到了关于1998年度471,714个承包合同和承包合同金额9,0678亿日元。根据建设省的统计，同年度的地方公共团体的公共工程开工金额为 95,695 亿日元，所以这次调查得到数据的比率为 94.8%。根据这些调查结果，公开出版了这本著作。

附带也说一下，我国（日本）作为经济大国对公共工程招投标与合同制度进行大修改，特别是实施新履行保证制度，引起了世界各国的注目。笔者作为国际商会保险委员会主席，参与制定了国际商会在 1994 年 1 月 1 日起生效的"ICC 合同保函统一规则（ICC 524 号规则）"。与此相关，即使在该规则制定后，也还是继续在世界各地就这规则进行讲演（资料 3）。在每次讲演中，我都把我国新采取的新履行保证制度评价为脱离原来的不透明的招投标与合同制度向前跨出了的第一步。从这个观点出发，希望本书对各国的有关人员理解我国（日本）的公共工程招投标与合同制度有所帮助。还有，2000 年 7 月 3 日召开的联合国国际商法委员会（UNCITRAL）第 33 次年会，高度评价"ICC 合同保函统一规则（ICC 524 号规则）"，承认该规则作为统一规则在各国必须推进实施。在这个意义上，也希望（日本）新履行保证制度的推行成为世界之先驱。

我想对这次调查给予协作的人员要超过 1 万人，在此首先感谢各位在繁忙的公务中鼎力合作。下面想进入正题叙述。

【注释】

①译者注：即"替补承包商保证担保制度"，参见《中国工程保证担保制度研究》（邓晓梅，2002）

②译者注：Performance Bond，中国国内通常译作"履约保函，或履约担保"，本书中特将日本公共工程所用的 Performance bond 译作"履行保函"一是为了强调其带有义务履行保函的特性，二也是为了强调其与 Performance Guarantee（中文也常译作履约保函但通常这种保函以赔付为其履行方式，不具有义务履行的特性）的区别。在中国这两个英文词的翻译尚没有固定的译法以示区别。

③译者注：指日本的"指名竞争招投标制度"下的投标人。"指名竞争招投标制度"参见本书第 14 页。

第 1 部

第1章 公共工程合同制度的现状和问题点

1. 公共工程合同制度的现状

（1）什么是公共工程

在报纸和杂志上经常可以看到"公共工程"的字眼，那么公共工程到底是什么呢？《关于公共工程预付款保证的法律》（昭和27年6月12日法律184号）第二条规定："公共工程"是指与国家或者地方公共团体（译者注：在日本把地方政府统称"地方公共团体"）及其他公共团体发包的土木建筑相关的工程及其测量设计[①]。要补充说明的是，本次调查仅以国家及地方公共团体发包的公共工程为对象，该法规定中所涉及的公团、事业团、政府企业、地方公营企业及其他（地方会社、电力公司等）不包括在本次调查范围内。如果将来有机会，希望对本次调查对象以外的上述领域也进行一下研究。

公共工程，在其性质方面有以下的特征：公共工程的费用主要由国民的税金来支付，因此而得名。当然，对于在公共工程中所建成的公共财产，也有使用者自身以使用费的形式承担其部分费用的，但是大部分还是由国家及地方公共团体的（财政或公共预算）所承担的。结果，公共工程就被加上种种制约。

第一，关于公共工程的内容，必须取得国民的同意。因此，作为公共工程的开工条件，要由行政官员制定项目计划，就项目的年度预算或者每一个项目计划的整个预算取得议会的认可。虽说是国民，但因其立场不同，各自的意见也有所不同。因此，通过议会认可程序即在形式上取得了国民的认可。然而，在一致意见的形成过程中，如果不尽可能地向利害相关者保持透明性、公开信息，将来就会招致不必要的摩擦，这一点是可想而知的。一直以来，行政官员被人们批评：只着眼于一致意见的形成过程的形式，而尽可能隐瞒信息，采取"民可使由之，不可使知之"的态度。此外，向特定的利害相关者秘密地公开信息的不透明行为甚至有诱发行贿受贿的危险性。为使国民一致意见的形成过程能够正当地进行，确保透明性是极其重要的。目前，正在探讨研究如何彻底改善公共项目，希望国家及地方公共团体进行这一探讨的时候也尽可能地公开信息、认真地进行讨论。

第二，公共工程应该尽可能地以适当的价格进行采购。日本中央政府的国债及借款余额和保证债务余额的总额，截至2000年3月底达到545兆日元。光这些就已经相当于1200兆日元的国民储蓄金额的一半。如果再加上地方公共团体的债务余额，那么不得不说是一项很大的财政赤字。即使说必需的工程费用由国民税收来承担是理所当然的，可还是期望工程费尽可能地低廉。如果用稍微刺激的口气来说，希望每一位行政官员都能经常意识到：自己有责任要考虑公共工程的费用是国民的血汗钱来支付的，不论是否在预算范围内都要尽可能地以低廉的价格采购公共工程。一般来说，为了以低廉的价格来采购，确保竞争性是重要的。即使有了公共工程的采购，也必须谋求确保竞争性。但如果过度地追求确保竞争性，就会担心工程质量的低劣。以适当的价格采购，是指以低廉的价格来采购达到所要求的特定质量的工程，而不是接受"价格低廉而质量低劣"的工程。既确保竞争性又筹办到质量良好的公共工程，其办法是存在的，在探讨公共工程的采购制度时也应该考虑这一点。

第三，有关公共工程的履行，应该确保其超出一般工程的安全性。在工程施工过程中，当然必须避免因损害第三者利益而承担损害赔偿的事态。万一在施工现场等地发生事故的情况下，为了毫不遗漏地履行损害赔偿义务，不仅要有对公共工程本身的实物保险，还要有针对第三者赔偿责任的责任保险等措施，这一点大家都很清楚。我们都知道，目前建设业不景气，因此也必须采取措施应对由承包人的破产而导致中途放弃公共工程的情况。一直以来，作为针对此类事态的措施，合同保证金制度及作为替补的工程完成保证人制度和履行保证保险制度被施行，工程完成保证人制度因后面所述的原因被废止。但是，为了不给国民增加不必要的额外财政负担，确保公共工程的履行是必不可少的。

根据这些公共工程的特征可以得知，有关公共工程有种种的规定，在法规上也设定了特别规定。

日本的公共工程合同制度，大致分为国家发包工程和地方公共团体发包工程。国家发包工程依据会计法·预算决算及会计令来履行合同；地方公共团体发包工程则依据以地方自治法为基础制定的各地方公共团体的条例、会计规则及合同规则来履行合同。

(2) 通过会计法规制

由国家及接受国家补助金建造的公共工程，首先依据财政法由大藏大臣（译者注：2002 年 1 月改称为"财务省"）拟订预算，内阁经过阁僚会议决定向国会提交该预算方案，取得其认可。要注意的是，有关通过发行公债或借款进行的公共工程费用的范围，依照财政法第 4 条规定，必须取得国会的议决[2]。如果预算通过国会的议决而成立，内阁就要依据国会的决议向各省厅（译注者：相当于中国的部委）的长官分配该项预算。但是根据财政法第 34 条 2 的规定，各省厅长官必须就公共工程费向大藏大臣提交负责公共支出内容的实施计划并得到其认可[3]。

这样，预算一旦被确定，依据会计法第 10 条，各省厅长官就要管理其管辖范围内的负责支出的内容及有关支出的事务[4]。

各省厅长官并不可以自由地处理其管辖范围内的预算，而要依据会计法等规定来处理。会计法第 29 条规定，各省厅长官也应管理其管辖范围内的买卖、租赁、承包及其他有关合同事务⑤。通常，依据该法第29条2规定，各省厅长官可通过政令将合同的相关事务委托给该管辖省厅的所属职员⑥。

有关招投标主管官员及支付主管官员签订合同的方法，在会计法第29条3中如下规定⑦。

首先，包括公共工程，承发包方法的大原则是一般竞争。除了后面所述的特定场合，主管官员在签订合同时必须进行公告，使有意向者申请报名、参与竞争。这是由上述公共工程的第二个特征得出的理所当然的结论。政令中规定了参加竞争的企业的资格、公告的方法及其他相关竞争的必需事项。

第二是指名竞争。根据合同的性质和目的，参加竞争的企业为少数、在没有必要进行一般竞争的情况以及认为采取一般竞争不利的情况下，按照政令的规定，进行指名竞争。一般来说，即使建筑企业的许可被细分化为不同的专业，也仍有大量符合条件的企业，所以，没有必要进行竞争的情况和认为采取一般竞争不利的情况被认为是一种特殊的情况。

第三是协议发包。在根据合同的性质和目的而不允许竞争的情况，或者根据紧急需要不能够进行竞争的情况及认为采取竞争会导致不利的情况下，按照政令的规定，采取协议发包的方式。因此，协议发包在像灾害恢复重建工程这样的特殊公共工程的情况下使用。

这样，有关承发包方法，法律上是按照一般竞争、指名竞争、协议发包的顺序推定的。但是当合同预定价格的金额较小时、当其他的政令中有规定时，可按照政令的规定采取指名竞争或者协议发包的方法，扩大特殊情况的范围。其结果，在现实中，指名竞争作为合同方法比一般竞争用于更多的公共项目中。

会计法第29条5中规定，特别是除了需要采取拍卖的情况之外，竞争要通过招投标来进行的时候，上述的承发包方法就相应地变成了一般竞争招投标、指名竞争招投标和协议发包⑧。

依据会计法第 29 条 4，参加投标者就要向国家交纳投标价格 5%
以上的投标保证金，确保中标时确实签订合同[⑨]。

通过竞争投标决定中标者或者协议发包的对象决定后，招
投标主管官员在依据会计法第 29 条 8 签订合同的同时，必须满
足本法第 29 条 9 的规定，即请其交纳合同金额 10% 以上的合同
保证金[⑩⑪]。不过，可按照政令规定用国债、有价证券、其他担
保来代付；另外，在政令中有所规定的情况下，可使其免交全
部或部分合同保证金。

在由于万一承包人破产等而导致无法履行合同的情况下，
这部分合同保证金具有补偿国家等发包人所蒙受损害的担保功
能。但是，在合同书上没有特别规定的话，这部分合同保证金
归属于国家，不一定是提供给该合同的履行所用。这似乎说明
了工程完成保证人制度为什么比其他的金钱保证制度更广泛地
使用的原因。但根据本次调查又似乎明白了这一原因并不一定
就是主要的原因。

(3) 通过地方自治法规制

当发包人为地方公共团体时，也有与发包人为国家的情况
一样的规范。地方自治法规定，关于地方公共团体施行的公共
工程，该地方公共团体的长官必须在年度开始的一定期间之前
调整预算、并提交给有关议会。如果在议会上预算被认可，就
依据政令中规定的基准制定有关执行预算的手续并依此来执行
预算。正如地方自治法第 232 条 3 中规定的那样，必须依据法令
或预算规定来履行作为支出原因的合同[⑫]。同法第 234 条的 4 中
规定，没有地方自治体长官的命令，出纳主管和市财政官员不
得支出[⑬]。

预算措施完成后，按照地方自治法第 234 条，通过一般竞争
招投标、指名竞争招投标、协议发包和拍卖的方法来签订公共
工程合同。不过，原则上始终是采取一般竞争招投标的方法，
指名竞争招投标、协议发包和拍卖只在政令规定的特别情况下
才能采用[⑭]。

地方自治法施行令第167条中对可以采取指名竞争招投标的情况做了如下限定：第一、工程和制造的承包、物件买卖等其他合同的性质及目的被判断为不适于一般竞争招投标的情况。公共工程符合这一规定的情况不一定多。第二、根据其性质和目的，应该参加竞争的企业数目少到可以认为没必要采取一般竞争招投标的程度时。如果不是相当大的工程或者远距离的小规模工程和特殊工程，就不符合本条。第三、采取一般竞争招投标被认为对发包人不利的情况。问题是，有关一般竞争招投标事务上的麻烦是否可以说是对发包人的不利。如果由于一般竞争招投标而可能使价格下降20%至30%的话，几乎不存在对发包人不利的情况。此外，是否不利是一般竞争招投标与指名竞争投标的比较⑮。

关于可以通过协议发包签订合同的情况，在地方自治法施行令第167条2中做了如下限定⑯：第一、如果公共工程的预定价格对道府县为250万日元、对市町村为130万日元以内，而且在各自地方公共团体的规则中所规定的金额以下时；第二、属于地方公共团体需要的物品制造、修理、加工或交货需要的物品的脱售和其他合同，其性质和目的被判断为不适合竞争投招标的情况；第三、由于紧急需要而无法采取竞争投招标的情况。由于其紧急性，灾害修复工程的一部分存在符合这条的情况。第四、无论是一般竞争招投标还是指名竞争招投标，采用竞争招投标会对发包人不利的情况。很难想像这种情况。因而，大概只有极其特殊的情况下才符合这条。第五、预计可能以比时价明显有利的条件签订合同的情况。公共工程一般不存在时价，所以很难考虑符合这一项的情况。第六、无论是采用一般竞争招投标还是指名竞争招投标都没有投标者的情况，或者虽然进行了再次招标，但中标价格大大高于预定价格或大大低于最低限价而没有合适的中标者的情况。根据建筑业的状况，存在与这条相符的情况，但最低限价有发展为高水平价格的倾向，必须严格准确地制定这一价格。第七、中标者不签订合同的情况。

即在没有致命的不妥的情况下，可以让第二号投标企业中标。可是，如果有不合适的地方，一般认为还是进行再一次招投标有利于发包人。因此，依据同条第 2 项，这种情况也附有严格的限制。也就是说，通过协议发包方式签订的合同的金额必须在中标金额的限制内，这时，为了避免合同金额实质上的提高，除了履行期限外，不可以改变在最初竞争招投标时所规定的其他条件。

关于拍卖，根据地方自治法施行令第 167 条 3 的规定，依据动产的卖出合同，该合同的性质可以适用于拍卖方法。这是严格限定的，而公共工程合同几乎都不符合这一要求[17]。

至于可以通过一般竞争招投标签订合同的情况，根据地方自治法施行令第 167 条 7 的规定，地方公共团体必须向参与投标者收取该地方公共团体规则所规定的一定比率或一定金额的投标保证金[18]。与国家发包工程的情况一样，这部分投标保证金可以通过提供国债、地方债及地方公共团体长官认可的其他担保来代替交付。地方公共团体长官所认可的担保包括财产保险公司（译者注：财险类的保险公司）发行的投标保证保险。

对于这样的合同签订方法，我们应该注意的是：依照政令会自然地设想公共工程中会采取一般竞争招投标的方法，但实际中的公共工程几乎都采取指名竞争招投标的方法来签订合同。

当地方公共团体经过上述程序签订了公共工程合同后，根据地方自治法施行令第 167 条 16 的规定，为确保正确地履行合同，必须向承包人收缴该地方公共团体财务规则及合同规则所规定的一定比率或一定金额的合同保证金[19]。此外，与投标保证金同样，合同保证金也可用国债、地方债及地方公共团体长官认可的其他担保来代替交付。再者，财产保险公司发行的履行保证保险也可以用来代交合同保证金。

(4) 通过财务规则和合同规则进行规制

各个地方公共团体为确保所实施的公共工程的完成，以地方自治法和地方自治法施行令为基础，制定财务规则·合同规则；招投标主管官员按照该规则制定公共工程的发包·合同签订·预付款支付·工程施工监督管理·工程结束验收·费用支付等一系列合同事务手续。虽然地方公共团体同时制定财务规则和合同规则，但也有把合同规则作为合同细则而在财务规则中只规定基本手续的情况。一般来说，财务规则是委托议会来讨论决定的，所以除了提交议会讨论决定的议案和制度性问题外，可以从需要议会认可的财务规则中看出地方公共团体的打算，即：至于财务规则的详细内容，由那些可以招投标主管官员可以发挥自由裁量权的细则来决定。

整体上讲，地方公共团体都制定和完善了这样的财务规则和合同规则，并可按照地方自治法及自治省的指示对其进行修改。但是，从对地方公共团体现场调查的情况看，还有的团体未将财政规则和合同规则更新为最新规则，其规则中依然存在工程完成保证人制度。此外，还存在以下的现状，即：许多地方公共团体，没有在规则中对承包金额达到需要金钱型保证的标准的情况做出规定；对承包金额相当高的工程有的也未对履行保证提出要求。还有，几乎没有对需要进行义务履行保证的事项做出明确规定。

各个都道府县正通过地方公共工程合同业务联络协议会等机关对 1996 年以后引进的新的招投标·合同制度和新履行保证制度等进行说明。然而，就其实施方法和实施态度，都道府县之间存在非常大差异。其下属的地方公共团体（译者注：指市村町政府等），则根据这些会议上的精神，推断都道府县的意向而行动。有的市町村说："因为都道府县并不热心地致力于制度修改，所以就一直拖延其实施"。特别是公共工程的发包业务分散到各科的地方公共团体，对招投标·合同制度的修改和新履行保证制度的内容也不太了解。工程完成保证人制度迟早必须废除，但是有的团体目前还无力着手进行制度修改。还有的地方公共团体在修改制度之前先进行了组织调整，对以后的预见根本看不到。但其中，也有预付款担保公司积极活动、向各地方公共团体提供其他各地公共团体的工程完成保证人制度废止状况的资料并建议向新履行保证制度转换的事例。这种努力对制度修改做出了贡献。

另一方面，也有许多具备完善的财务规则和合同规则的地方公共团体。这些地方公共团体，甚至还在合同规则中为有意参加投标、具备资格的企业附加了易懂的说明书。这种努力消除了建筑企业等相关者对一般竞争招投标和新履行保证制度的不安，使具有更大的竞争性·公平性·透明性的公共工程招投标·合同制度的实现成为可能[20]。

2. 历来公共工程合同制度的问题

(1) 缺乏费用节减意识

正如公共工程合同制度的现状中所指出的那样，公共工程的财源最终来自于国民的税金。

截至 2000 年 3 月末，中央政府的国债及借款余额为 493 兆日元，政府保证债务余额为 52 兆日元，共计达到 545 兆日元。有一种说法称目前国家的累积赤字达到了 645 兆日元。日本有 1.4 亿人口，如果按每个家庭有 4 口人来计算，那么平均每个家庭的累积赤字额约达到 1,834 万日元。还有，许多地方公共团体也有其累积赤字，如果加上这部分赤字，那么平均每个家庭就有超过 2,000 万日元的负债。这部分负债目前以国债和地方债的形式存在，必须以未来的税务负担的形式返还。而且，随着老龄人口的增加，与养老金相关的负担也会增加，考虑到这一点，我国的未来形势异常严峻。最近，进行了一次试算我国借贷对照表的尝试。这次尝试也表明将来养老金的负担额是一个巨大的金额。由于反映了这样情况，公共工程的经济效果不断地得到重视，目前正就公共项目的目的和效果进行重新讨论。像这种重新讨论当然在编制预算时应该是经常进行的吧，不过听说这次讨论是比较认真地在进行。

但问题在于，一旦预算被通过，即使注意充分地利用预算，可是为尽可能地减少预算的消耗所做的努力还是不够。对于各个公共工程合同，人们在努力准确地估算其预定价格，可合同价格还是被设定含有较高水平的利润。还有，如果考虑到正引进从30%到最近的40%的预付款制度和中间付款制度，那么只要采用符合市场原理的形式签订合同，就可以使经费相当程度地节减，这是很容易想像到的。此外，也希望能够从工程的实施季节集中在年度末的现状出发，通过努力平均实施工程，在承包业者谋求适当利益的同时，也可以实现费用的节减。为了实现这些，会迫使招投标主管官员在某种程度增加管理负担。但是，还是希望能够通过增加必要人手来实现符合市场原则的承发包方法。

那么，符合市场原则的公共工程的承发包方法是什么呢？答案就像多数招投标主管官员所知道的，以及像会计法和地方自治法中作为合理公正的前提一样，就是尽可能地采用一般竞争招投标的方法。在调研中所见面的招投标主管官员中有不少人认为，在存在围标的情况下，无论采取一般竞争招投标还是指名招投标或是协议发包，合同价格都不会有什么改变，因此，他们一开始就放弃符合市场原则的承发包方法。他们考虑的是，在被批准的预算范围内制定预定价格，能把预定价格降低几个百分点就可以了。也有的招投标主管官员强调，如果不把预定价格告诉承包人，要在预定价格以内签订合同是很难的。

如果能够排除围标并实施一般竞争招投标的话，可以使费用节减到什么程度，这是很难证明的。但是，综合许多实践者和学识经验丰富的专家的肺腑之言，因公共工程的施工场所和施工时期不同，可以使费用节减20%到30%。在公共工程的总预算中，国家的相关工程为5兆日元，地方公共团体的相关工程为12兆日元，那么实际上就可以各自节减3兆日元至5兆日元的费用。这是一项巨大的节减，可以说，即使抵消掉为实施费用节减而需增加的事务费用，还是有剩余的。

(2) 政府扶持建筑企业的意识过剩

目前，在我国经济处于不景气的状况，其中建筑企业的营业状况·财务状况存在着危机。有一种说法预测，由于大幅度减少公共工程，整个工程定单的减少可能会导致今后 10 年间建筑企业的破产数达到 10 万家[20]。但与此同时，由于希望通过公共事业来谋求经济的活力，国家尽管财务状况严峻但仍然增加了公共事业预算，所以建筑企业由 1995 的 55 万家增加到 1998 年的 59 万家[21]。这些增加的建筑企业以小规模企业居多。虽然很难预测今后民间的建筑需求会增加到什么程度，但是大概不能期望它有大幅度的增加吧！另一方面，由于公共工程的发包反映了财政状况，今后它会趋于减少也是一种符合常识的预想吧！其结果，虽然我们并不愿意去预测，如以上所述，庞大的建筑企业的破产是不可避免的。

对国家来说，问题在于建筑业整体——特别是拥有许多下属承包企业的大型综合建筑公司的发展趋势；对地方公共团体来说，问题在于位于该市町村的建筑企业。从整个建筑业来考虑，同其他众多产业一样，企业之间通过市场机制进行淘汰是理所当然的。过去，建筑企业通过围标分配工作量，不管是否努力经营，都能多少负责一部分工程，但是那样的时代快要过去了。虽然今后在某种程度上也会进行围标，但是环境使围标越来越难以进行。可以预测，除了特定工程以外，国家发包的公共工程，通过围标来分配工作的比重会减少。

但是，地方公共团体的情况稍微有些不同。这次现场调查的许多地方公共团体、特别是市町村的招投标主管官员都认为：只要位于该市町村的建筑企业技术上允许，该地方公共团体发包的公共工程就理所应当由在该市町村设有总公司或分公司的建筑企业承包。他们认为，地方公共团体发包的公共工程不仅有益于该地方公共团体的经济发展，而且也应该从确保业务的观点出发，来支持位于该市町村的建筑企业。要达到这些目的，由于一般竞争招投标有可能致使并不位于该市町村的建筑企业中标，所以不适合被采用。为了给位于该市町村的建筑企业适当地分配工作量，地方公共团体决定指名企业。这时，节减公共工程费用就成了次要目的，只要工程费用在预定价格以内即可。因而，他们认为指名竞争招投标是最适合地方公共团体公共工程发包的合同方式；实际中，几乎所有的地方公共团体都通过指名竞争招投标的方法签订承包合同。可以说，目前许多的地方公共团体的招投标主管官员都对这种观点毫无异议。

那么，这种想法真的合理吗？许多地方公共团体的招投标主管官员表示：如果采取一般竞争，那么所谓的大型综合建筑公司会以低价格中标而导致当地建筑企业受到排挤；还有，那些大型公司会以低价格对实际的工程向当地建筑企业进行转包，这样一来当地企业就太可怜了；既然这样还是从开始就把工程发包给当地建筑企业更好。这种观点中含有一种自发的思想，即利用地方公共团体的预算来施行的公共工程的利益应该返还给当地。特别是地方公共团体的长官，有着这种强烈的思想。对通过直接选举当选的地方公共团体长官来说，最关心向当地进行利益返还，这是不可否认的。然而，这种观点是否恰当呢？在某种程度上允许当地建筑企业优先参加投标，对这一点政治上可以给予某种程度的许可。但是，地方自治体带着在当地建筑企业中分配工作量的意图，选择指名投标人，或为确实达到这一意图，不采用一般招投标竞争而通过指名招投标决定承包人。这种做法的合理性就存在一定的问题，会成为议论的对象。进一步说，如果考虑到许多的公共工程实际上都是依靠国家和该地方公共团体以外的补助金来维持的，那么关于当地企业优先、通过地域限定型的一般竞争招投标来排除当地企业之外的企业的这种情况的合理性也存在着疑问。

（3）滥用指名竞争招投标制度

与会计法和地方自治法的原则相违，地方公共团体发包的公共工程几乎不采用一般竞争招投标的方法，而采用指名竞争招投标。1889 年（明治 22 年）会计法实施的当时，除了政府为保守秘密以及因非常紧急的需要而采用协议发包方式发包之外，500万以上的公共工程全部都通过一般竞争招投标发包。依据1900年（明治33年）敕令第282条号，在采取无限制的一般竞争招投标对发包人不利的情况下，可以采用指名竞争招投标，这时应由主管大臣向会计审计院（日本称：会计检查院）发出通知，详细说明其事由。这一有关指名竞争招投标的规定，正如前面1（2）"通过会计法规制"中所述的那样，经过修改一直延续到现在。但是，指名竞争招投标与一般竞争招投标相比问题比较多，通过指名竞争招投标发包被认为是一种例外的方法，这样的定位是不变的。会计法的政令即预算决算及会计令第96条规定：明确从有资格者中指定出可以参加指名竞争招投标的指名投标人的标准，并将这一指名标准通知大藏大臣㉘。地方公共团体的情况同前面1（3）中所述的一样，能够采用指名竞争招投标的情况是受限制的。此外，有许多地方公共团体采取以下的形式：在财务规则和合同规则中粗略地规定指名标准并将其公开，成立指名审查委员会再作为地方公共团体的内部组织，审议是否采用指名竞争招投标或指名哪个建筑企业。最近，甚至还有把从有资格的企业中筛选指名投标人的标准公开的地方公共团体。像这样的方法作为给指名竞争招投标赋予透明度和公开性的手段，是可以理解。

但是，大部分地方自治体都不采用一般竞争招投标，而是通过指名竞争招投标发包公共工程，看到这一现状就产生了疑问。地方公共团体选择指名竞争招投标的结果会产生什么样的危险呢？考虑到这一点，很显然必须改变这种现状。

在指名竞争招投标的情况下，指名投标企业的数目因公共工程的预定价格而有所不同，通常限制在5家到15家左右。因此，选择指名竞争招投标，结果就会导致地方公共团体把那些有可能以更有利的条件与自己签订合同的有资格企业排除在外。这是第一个问题。公共工程的注册业者因地方公共团体规模的不同，大约从400位到3000位不等；据推断，大部分的公共工程，在采取一般竞争招投标时有意参加一般竞争招投标的建筑企业数比采取指名竞争招投标时的指名投标企业数要多很多。另外，参加投标的企业数越多，价格竞争就多少会变得激烈。因而，很明显，选择指名竞争招投标为发包方式，就会导致公共工程费用的增加，违背发包人的利益，进而违背纳税者的利益。在本次调查的过程中，令人非常吃惊的是，公共工程招投标主管官员缺乏这种意识。

第二个问题是，如上所述，由于指名竞争招投标的参加者减少，那么就使建筑企业的围标更加容易。因为围标是一种经济犯罪，所以建筑企业在进行围标时都非常小心谨慎。参与围标的企业越少，就越能够秘密地进行围标。指名竞争招投标制度限制参与投标的建筑企业，这对想要进行围标的建筑企业非常有利。因为如果事先知道指名投标人，就可以限制必须使其参加围标的建筑企业数，所以就可以减少围标成本，机密方面也不会出现太多问题。相信地方公共团体的长官和许多指名审查委员会的成员根本没想过要积极地支持围标，但是还是希望他们意识到，如果选择指名竞争招投标就会存在促进围标的危险性。在现场调查中所面谈的一位地方公共团体的招投标主管官员想请大家注意：虽然从行业的不可靠消息中透露出来许多关于围标的信息，但参与围标的人正更加小心地使围标安全地进行着。

第三个问题是，人们误传认为中央有权力的政治家、当地出身的政治家、地方公共团体的长官或地方公共团体的首脑团掌握着实质性的指名权。在这种误解中，有资格业者为被认为是掌握着指名权的人付出了巨大而又徒劳的劳力和费用，这是事实。每个公共工程的发包窗口都有名片箱，俨然还存在着建筑企业投放该企业首脑团和公共工程营业主管的名片的习惯。这大概是因为存在着下面的误解，即建筑企业对该公共团体的公共工程的关心程度是通过名片的厚度来测量的，而指名又是由关心程度的高低来决定的。各个地方公共团体的指名标准不同，其内容不透明，被指名的建筑企业如果没有多年的经验和人际关系的话就很难理解。最近，出现了一些地方公共团体，它们正在为事先公开包括指名投标人的筛选方法在内的指名标准而做着努力；可是恐怕未被指名的建筑企业还是无法明白其（未被指名的）真正原因吧！因此，建筑企业就热中于加强同公共工程发包的相关人士之间的关系。其中，有可能产生与行贿受贿犯罪有关的过分勾结、串通等现象。至少建筑企业为得到指名，作为承包公共工程的前一阶段，花费着大量的时间和费用。当然其中包括支持政治家的选举和任用、给行政官员送礼及支持其任用等；很明显，他们把这些作为回报，期望在指名时能够得到优待。这些虽然对受益者很有利，可反映在合同金额上，结果就有可能损害公共工程的最终负担者即纳税人的利益，这一点是众所周知的吧！

由此可见，指名竞争招投标存在很多问题，即使它有着向当地的经济返还和扶植当地企业的美名，但如果如此广泛地采用，还是成问题。从现状来看，对指名竞争招投标的滥用几乎没有什么反对。某个地方公共团体正努力通过长期性计划来减少指名竞争招投标的比例，像这样的努力是少有的，应该给予高度赞赏。

(4) 围标继续发生

1996 年，招投标·合同制度开始被修改。继国家后，地方公共团体也完全废除了以前的工程完成保证人制度，引进新履行保证制度。不能否认，在这些制度修改的背景中，一个重大的契机就是围标事件频繁发生，甚至涉及到了中央政界。这里无法一一举例这些事件。但是，围标事件不仅在日本全国连续出现的，而且甚至发生了连地方公共团体的首长和建设大臣都卷入进去，因此，舆论对公共工程的招投标与合同制度表示了极大的怀疑。各政党为了重新认识公共工程的招投标与合同制度，成立了单独或共同的研究会。从贸易自由化观点出发、致力于取消公共工程参与限制的其他国家也注视着日本围标事件的频繁发生，特别是对工程完成保证人制度进行了批判。

根据 1996 年公平交易事务总局樽崎宪安氏编写的《招投标中的围标与反垄断法》，1977 年以后截至 1996 年 4 月 11 日，发生了 103 件与国家和政府相关联的围标事件。其中，实际上有 74 件即 72% 是与公共工程相关的。2191 个企业对这些招投标中的围标行为支付了 1402 亿日元的罚金。很容易想像，这仅仅是众多围标事件中的一部分。

如上所述，围标问题并不只是国内问题。譬如，日美构造协议中也提到，日本政府被迫承诺采取各种措施来有效抑制包括围标在内的违反反垄断法的行为。特别是要严格公正地运用反垄断法，通过对有围标行为者采取停止指名招投标的措施等来有效地抑制围标。

主要为了满足建筑企业的要求，公平交易委员会在 1994 年 7 月公开了《关于公共招投标的相关企业及企业团体的活动在反垄断法方面的指导方针（招投标指导方针）》，通过具体事例介绍了什么是违背会计法、地方自治法等大原则的围标行为。也就是说，在指出有关事业者及事业者集团的招投标的实际行动与反垄断法的关系的同时，也指出了各个主要活动类型，即"原则上违反的行为"、"有可能造成违反的行为"、"原则上没有违反的行为"。虽然这个指导方针得到了众多好评，还是希望公平交易委员会能做出更多的努力以减少围标。

建筑界对围标的态度也在发生着微妙的变化。在向来批判围标的人们中间，出现了揭发具体的围标、成立企业内部组织讨论避免围标的方法等制止围标的具体行动。让人吃惊的是，在那些以前曾是参与围标的头目、在围标事件中被揭发的人中，也出现了向减少围标的方向努力的人。这些人意识到，围标不仅给相关者带来精神上的痛苦，而且还会危及建筑业的将来。

但是另一方面，围标行为也变得更巧妙和秘密了。听说在进行围标之际，为了对付内部告发，围标者竭尽努力防止围标信息泄露出去。看最近报纸的报道等，可以说多少有所改善，但围标依然在继续发生，这也是毫无疑问的事实。

(5) 行贿受贿继续发生

想必读者们都知道，2000 年原建设大臣中尾被卷入行贿受贿事件，扇建设大臣匆匆忙忙上台。与围标事件一样，行贿受贿事件也接连不断。这些行贿受贿发生的主要原因有以下三个方面。

首先，这是与指名竞争招投标本身有关的。关于指名投标人的选定，国家及许多地方公共团体在形式上是由协商制的指名审查委员会来决定的。而且，也在为指名标准的事先明确化付出努力。但是，有不少的建筑企业认为，指名投标人的实际选定是按照部分相关者的意向进行的。它们为增加比其他企业更多的被指名机会或者成为内定的中标者，招聘国家及地方公共团体的离休人员，采取近乎合理的形式给实质性决定者提供各种好处。正因为如此，每逢选举，建筑企业都非常认真地支持特定候选人、援助选举；制造种种借口对特定候选人实行包括金钱援助在内的各种援助。

其次，打听预定价格、指名投标人、预定工程的详细内容等国家及地方公共团体不对投标者公开的信息。这些信息的获取与招投标主管官员等相关者在工作时间之外的活动有关系。在这次现场调查中，笔者也遇到了中途有建筑企业公然来与招投标主管官员碰头、获取信息的情况。可能这是很少的场合。在许多的情况下，招投标主管官员等都非常忌讳在工作场所与建筑企业的接触。看到各位前辈因为接受少量的贿赂而遭受了失去职务等巨大的损害，至少要十分注意在工作单位的行为。此外，大多数招投标主管官员也非常注意自己下班后的行为。但是，获取信息方有很多都是相当有本事的人物。他们逐渐地让招投标主管官员习惯，把他们当作行贿受贿的对象。一般的人，如果有一次被他们当作行贿受贿的对象，那么就恐怕难逃魔爪了。惟一能够解脱的办法就是，招投标主管官员等尽可能地公开所掌握的信息而不要把它当作机密。

第三是关系着项目成功与否的问题。预算下达，如果提前得到有关即将实施的公共工程的信息，那么也可以努力使自己成为指名投标人。进一步说，在围标过程中，能够比其他参与围标者发挥更大的作用、更容易获得中标者的地位。建筑企业中负责联系政府机构的人员在这一点上经常花费着大量精力。如果有必要的信息，就通过各种途径来获取，这就是他们的工作。

至今为止，公共工程的承包合同金额很高，足以确保利润；预付金等支付条件方面也非常优越，呆账的危险性也比其他任何工程小。所以，许多建筑企业都激烈地争夺对它的承包。在这些为承包公共工程而获取信息的争夺中，行贿受贿事件主要发生在落后于其他企业的建筑企业身上。

如果不实现伴有公平的信息公开的一般竞争招投标制度，恐怕只通过加强刑罚和揭发的手段还不能够防止行贿受贿事件的继续发生。

(6) 缺乏公平性

公共工程与民间工程不同，在签订合同方面要求具备公平性。这里所说的公平性指的是什么呢？在公共工程的发包上，要平等地对待每一个承包人。公共工程是靠国民的税收来维持的，当然不可以只针对特定的承包人进行发包。接受公平的资格审查而具备资格的建筑企业，都可以公平地参加公共工程的投标。在资格审查中，如果限定总公司和分公司所在地、根据经营规模仔细划分等级、把该发包人过去的实际成绩也作为取得资格的必要条件附加上的话，当然就会增加排他色彩，结果就会排挤新的建筑企业。发包人、具体的是各省厅及地方公共团体的长官和招投标主管官员，当然不可以给予特定的建筑企业提供内部信息等特殊待遇。此外，没有正当理由就不可以为特定建筑企业的投标设定有利条件。

一直以来，这种公平性只是针对日本的建筑企业而言的。然而，随着国际化的发展，从国际化观点出发也要求公平性。

日本的建筑企业也承包着其他各国的公共工程。1998 年，这一承包金额达到 77 亿美元（约 8,316 亿日元）[24]。而且，我国的出口总额达到 3,880 亿美元（约 42 兆日元）[25]。从某种程度上说，不只是美国，其他各个国家也要求日本开放公共工程是理所当然的。1994 年 1 月，日本政府公布了以"关于改善公共项目招投标及合同签订程序的行动计划"为题的内阁会议听取事项（资料 4）（译者注：根据日本内阁决议的级别，内阁会议听取事项是指主要由主管大臣决定，必要的时候听取其他的大臣的意见）。其中，政府根据以下观点，总结该听取事项的主要内容。即：关于日本的公共项目招投标及合同签订程序，在确保它的透明性、客观性和竞争性同时，更加彻底地贯彻内外无差别原则，在关税贸易总协定关于政府采购的新谈判中所达成的实质性协议的基础上，把它改变成国际上容易接受的制度。首先规定了实施时期，即到 1994 年年底为止，制定对于超过标准额以上的采购采用透明、客观、有竞争性的采购制度。作为其具体措施，规定：国家及一定的政府采购机关的工程，如果分别超过 450 万 SDR（约 7.5 亿日元）和 1,500 万 SDR（约 24.5 亿日元）或者设计·咨询超过 450 万 SDR（7.5 亿日元），都要采用一般竞争招投标。此外，都道府县和政令指定城市的工程，如果超过 1,500 万 SDR（约 24.5 亿日元）、设计·咨询超过 450 万 SDR（7.5 亿日元），鼓励采用和国家工程一样的措施，即一般竞争招投标；对于国外企业，需要对其在日本之外的实际成绩并包括总公司在内进行正确的评价；规定采购程序的日期是从公告起至投标日的 40 天，咨询期间是从向投标人发出通知起至提交投标书的 40 天，这样国外的企业也可以参加。并不是说只要实施这个内阁议会决定事项就可以了，我认为在 1994 年以后还应该努力扩大必须强化其公平性的对象公共工程。

（7）缺乏竞争性

在前面 2（1）中也说过，为实现公共工程的费用节减，必须尽可能改为竞争性高的招投标制度。进一步说，希望能使更多的投标者参与投标。为此，希望公共工程的投标公告能够尽可能地让人容易理解，而且在大范围的建筑企业间公告招标；同时延长从招标公告至投标日的期间。有些地方公共团体的招投标主管官员抱怨说一般竞争招投标从发布招标公告到签订合同需要花些时间，难于采用；但是为增加竞争性，就需要更加努力以尽可能地延长公告时间。实际上为排除参加投标而设定短期公告期间是个问题。与其相比，更希望政府以从预算决定阶段开始就尽可能地提供信息的态度来对待。如果从竞争的角度出发，不应该用将公告贴在在发包人事务所的布告栏里这种方法，而应该发布在该地方公共团体的宣传杂志或报纸上、至少也要发布在行业等的报纸上，甚至在因特网上。还有，也希望在发布招标公告时，不仅公布发包工程的内容及条件，也要公布设计价格和预定价格。许多地方公共团体，为了把投标参加者限定为当地建筑企业，把投标资格注册限制为该地区的建筑企业、把指名投标业者限制为当地建筑企业。这种方法不仅在公平性上存在问题，而且在竞争性上也存在很大的问题。

最近，许多地方公共团体对每一次招标都公布结果。可以看出，这种就每一次招投标都公布结果的做法今后还会继续增加。这是非常好的事情。但是，在另一方面，看到指名竞争招投标的招标结果就会又产生很深的印象。那就是，可以看到，各投标者及其投标价格之间十分协调，简直令人吃惊。这次虽然没能调查，但如果分析一下招标结果，可以确认出在指名竞争招投标制度下没有认真地进行正规的竞争。改变缺乏竞争性的状况，并不是光靠发包人的努力就能实现的。在承包人的建筑企业那里，也希望这些建筑要把握技术革新动向，采用新原料，通过修改工程削除不必要的工序，改善施工现场的管理以提高施工效率和安全性，改革建设机械的所有体制等以削减成本，进行各种各样的努力反复挑战承包价格，以此来增强竞争性。使人担忧的是，简单的价格协定非但不能对建筑业有贡献，反而会使将来建筑业的低迷不前的状况更为严重。

(8) 缺乏透明性

在本次调查中，特别实际感受到的是在许多地方公共团体中有关公共工程的信息是保密的。虽然是当事者理所当然知道的信息，但是他们以没有与这些相符合的资料等理由，说无法明确公开，拒绝提供信息。更使人吃惊的是有的地方公共团体，以信息公开法还未通过为由而不公开信息。有关税金的文件保存期限是 7 年，而依靠税金来维持的公共工程的相关文件的保存期限是 1 年，后者与前者相比实在是很短。也有不少的地方公共团体回答说因为过了保存期限所以不去整理原来的资料。如果无储存数据，一旦废弃原来的文件，就不能从不同的视点进行分析。也许会存在由于文件量过剩而不得不缩短保存期限的意见。但即使这样，原文件的快速废弃仍是让人难以理解的。

一方面存在这样的地方公共团体，另一方面也有不少的地方公共团体，虽然签订非常多的公共工程合同，但仍然在短时间内送来详细的资料。这些地方公共团体中的大部分，公共工程的招投标·合同制度改革也比其他地方公共团体快出几个阶段，确实开始取得了制度改革的成果。在信息化高度发展的现代社会，想要隐瞒信息的地方公共团体的态度与其他积极信息公开的其他地方公共团体相比，其差距已经很明显了，那么很容易想像前者的态度造成的结果是丧失现代政治的基本即国民的信赖。因此，请与公共工程相关的地方公共团体的长官及招投标主管官员认真地考虑这一点。也期待着今后能有更多的地方公共团体提前公开公共工程的采购程序、资格获取标准、评定等级标准、指名标准、设计价格、预定价格等相关信息，以易以检索和查看的形式公开资格审查结果和中标结果等。

3. 近年改善政策一览

为了解决上述问题，在 1994 年的内阁阁僚会议决定之后，以建设省、自治省为中心的中央建设审议会、"关于公共工程的特别委员会"、"履行保证制度研究会"等进行了讨论，提出了各种建议和劝告。下面将其中的主要内容按其目的分类进行分析。

(1) 确保竞争性

为尽可能以低廉的费用完成公共工程，确保竞争性和最大限度地发挥市场机制是最好不过的。为此，归根结底就是在大范围内利用一般竞争招投标制度。这里的一般竞争招投标有许多方法，关键是要考虑各个发包人所处的状况，选择可能实现的方法去实现。

如前所述，特别是地方公共团体发包的公共工程，通过指名竞争招投标签订的合同占了大部分。有几个地方公共团体，全部的合同都是通过指名竞争招投标发包的。这些地方公共团体认为，给当地建筑企业分配适当的工作量是最重要的职责和任务，它们似乎并不担心纳税人会认为自身的利益优先于建筑企业。另一方面，一些地方公共团体虽然感到很难一下子完全实现一般竞争招投标，但还是想多少地改善现状，它们正有计划地增加一般竞争招投标的比例。此外，在本次调查中，有很多地方公共团体修改合同规则、不断努力将那些必须采用一般竞争招投标的公共工程的预定价格从当初的22.5亿日元中减少5亿日元、3亿日元、1.5亿日元、1亿日元、5千万日元、2千万日元。

（a）采用限制性的一般竞争招投标

但是，虽说是一般竞争招投标，但并非打算一下子实施通常的一般竞争招投标，而是附带种种条件的竞争招投标。在同其他国家讨论政府采购时，在这些带有限制的竞争招投标中，也有可能被认为是一般竞争招投标的一种。

①公募型指名竞争招投标

公募型指名竞争招投标，包括以更广泛的建筑企业、工程为对象企图实施的技术信息募集型指名竞争招投标。技术信息募集型指名竞争招投标，首先要向根据工程划分的各个等级的建筑企业提前公开工程内容。看到这个事前信息并有意投标的建筑企业，向发包人提交过去的工程实际成绩、部署预定的技术人员、施工计划等技术资料。发包人在这些技术资料的基础上进行指名。如果没被指名的建筑企业提出要求，发包人必须说明其未被指名的理由。因而，通过指名进行的选择从某种程度上具有客观性和预防性。

公募型指名竞争招投标也与技术信息募集型指名竞争招投标相同，没有超越指名招投标的范围。也就是说，首先发包人要提前公布包括对象等级、过去的工程实际成绩等具体的指名标准的基本思路在内的工程概要。看了公告后有意向投标的建筑企业，要提交过去的工程实际成绩、部署预定的技术人员等比技术信息募集型指名竞争招投标相对容易的技术资料。这是为了减轻有意投标者的负担。发包人依据这些技术资料进行指名，如果未被指名的建筑企业提出要求，必须向该建筑企业说明不指名的理由。因为公募型指名竞争招投标是在事前公布指名标准，所以不能在事后改变标准。因而，这种方式的竞争招投标虽然属于指名竞争招投标的范围内，有一定的局限性，却还能够期待它进行比较公正的指名。然而，虽说是公募型，但能够参加指名竞争招投标的指名企业还是有很大的限制；所以如果从确保竞争性的观点出发，不得不说它还是有一定局限性的。

②工程希望型指名竞争性招投标

工程希望型指名竞争性招投标是由以前的意向确认型指定招投标发展而来的。不论怎么说，这是一种尊重参加投标者的参加意愿的方式。意向确认型指定招投标，首先由发包人以评定工程规模等级时的评价和地区特性为主，从有意向投标的建筑企业即符合该公共工程的对象排序中选择 20 家左右的建筑企业。请被选中的建筑企业提交有关其过去的工程实际成绩、部署预定的技术人员等简易的技术资料。发包人以建筑企业提交的有关资料为基础决定 10 家左右的指名投标人。这种招投标方式虽然是从愿意参加该工程的建筑企业中决定指名招投标人，但指名投标人只有 10 家左右，这从竞争性的观点来看还是不够的。在这种意义上，工程希望型指名竞争性招投标与意向确认型指定招投标没有什么大的区别。

在工程希望型指名竞争性招投标中，发包人以事先登记的希望从事的工种、过去的工程实际成绩、工程规模、地区特性为主，从对象排序中选择 20 家左右的建筑企业；请这些建筑企业提交过去的工程实际成绩、部署预定的技术人员等简单的技术信息。根据这些技术资料，发包人指名 10 家左右的指名投标人。如果非指名投标人提出要求，发包人有义务向其说明未被指名的原因。与意向确认型指定招投标相比，这种方式以更广泛的业者、工程为对象；同时，通过再次确认建筑企业的意向来提高投标的实效性。

③地区限制型一般竞争招投标

上述的两种方式都是指名竞争招投标，指名投标人只有 10 家，竞争性方面还不足。

与它们不同，这种方式也算是一般竞争招投标的一种。如前所述，地方公共团体的真实想法是：地方公共团体发包的公共工程，使当地建筑企业中标，至少与促进当地的经济相比希望能直接有利于当地建筑企业的利益。为此，这种方式与一般竞争招投标同样不进行指名，只要是在该地方公共团体所在地有总公司和分公司的建筑企业，如果愿意参加投标就全部能够参与投标。这种方式通过总公司和分公司的所在地来限制参与投标的建筑企业，所以很难说它是公平的招投标方式。严格地讲，这种方式有可能触犯反垄断法。但是，如果依据公共工程的预定价格的规模扩大所在地的限制，从竞争性方面来看有可能是一种问题不大的招投标方式。例如，如果地区限定型一般竞争招投标的内容为：不到 2 千万日元的工程在同一市町村、不到 5 千万日元的工程在同一县内，大概是不成问题的。还有，如果规定 5 千万日元以上的公共工程要通过一般竞争招投标来签订合同，那么总体来看，可以认可这种制度在某种程度上照顾了当地建筑企业，并在此基础上实际地维持公平性，确保了竞争性。

（b）采用公开型一般竞争招投标的方式

与上述带有限制的竞争招投标相反，愿意参加投标的建筑企业都可以参加投标的招投标方式就是一般竞争招投标。这种情况下，如果不向建筑企业提供有关发包人发包的公共工程的招投标信息的话，就可能无法确保招投标的竞争性。如果是小规模的工程，那么在发包人事务所内的公告栏上公布相关信息还是可以的。但是，如果是大规模的工程，那么这种公布方法难说能够确保充足的竞争性。此外，即使说公平性，可是地区外的建筑企业却很难得到招投标的信息，在这方面还有点问题。

顺便说一下，1996 年 1 月日本参与并签订的 WTO 协定《关于政府采购的协定》（资料 5）生效了。在这一协定中，规定必须通过出版物来公开信息，而且具体地说，必须是中央政府官报、都道府县政府的县报、市政府的市报或者相当于这些的出版物㉖。也可以通过日刊行业报纸公开，但要求采取能让国内外的建筑企业都能够看到的公布方法。这一协定的基本观点是，一定金额以上㉗的公共工程的招投标必须公开进行。同协定第 7 条规定"公开招投标的手续指的是对招投标关心的全体供给者都能参加投标的手续"，公开型一般竞争招投标正好符合这一公开招投标的规定。公开型一般竞争招投标在制度上确保了招投标的竞争性㉘。

（2）确保透明性

遗憾的是有关公共工程的行贿受贿事件不断发生。国家及地方公共团体的基本态度是"不告知、不给与"。关于公共工程，也是大多数的信息都按照向相关者以外的人保密这种方法进行处理的，信息提供限制在最小限度。据说这是因为政府比较细心地注意到：为确保公平的招投标，要避免招投标主管官员向一部分参加投标者泄露公共工程的相关信息，以至其他的参加投标者万一由于这一信息差别而遭受不利。当然，信息当中也有不应该泄露的信息。行贿受贿就是想要秘密地获得这些不该泄露的信息，以便在投标时占据比其他的投标建筑企业优越的地位。例如，预定价格、最低限制价格、指名招投标人等信息就是能在围标等场合，取得比其他招标建筑企业优越的地位的典型信息。因而，为了得到这些信息，投标建筑企业采取各种各样的手段。极端的例子就是行贿受贿。但是，我们认为只有存在信息差别，才能在优势上出现差距。此外，信息的价值受招投标方法等的左右。最近，出现了公开信息、确保招投标等合同签订程序的透明性的做法。下面想阐述一下其中有代表性的做法。

（a）预定价格的事先公开

公共工程的估算，也要根据立案的规模等，需要花费许多的时间和成本。与其他的承包合同一样，合同金额越高承包业者的利润率也会增加。如果投标业者提前知道预定价格，那么如果没有大问题的话，能否在预定价格范围内投标就是是否参加投标的判断标准。通过粗略的估算、判断出能自己够提供与预定价格接近的投标价格的业者，如果对投标进行精确估算、参加投标，那么投标的效果会更好。在这次的当面调查中，据一般竞争招投标的比例比较高的地方公共团体的招投标主管官员说，下决心事先公布了预定价格，结果中标价格比预定价格下降了20％，最大下降了30％。但是，在实行指名竞争招投标的地方公共团体，很多观点认为预定价格的事先公开不会对工程价格的降低起到什么作用。其理由是简单的。如果存在指名投标人的围标，而且进行以预定价格为最低投标价格的围标，那么公共工程的中标金额会高高地停留在预定价格上，不会有大的偏离。在实际中，通过指名竞争招投标进行大部分的招投标的地方公共团体，中标金额停留在预定价格的97％到95％。从正面的意议来评价，可以主张预定价格估算得适当。但是，也许把它考虑为围标的结果更合适。关于围标，很难找到证据。但是，不以一般竞争招投标、而是以指名竞争招投标为主流的地方公共团体应该了解，事先公开预定价格的利润充其量只有几个百分点，而且也无法期望其竞争性。但是，可以期待通过事先公开投标者最关心的预定价格减少行贿受贿事件。因为如果所有的投标者都知道预定价格，就没有必要背后秘密地获取预定价格。

（b）指名标准（筛选标准）的明确化及公开

1993 年 12 月，建设省建设经济局长和自治省行政局长联名下达了题为"关于地方公共团体的公共工程招投标和合同程序及其运用的改善和促进"的通知，希望按照《建设省自治省招投标及合同签订程序改善推进协议会报告》进行改善。通知中指出，为了防止有关指名竞争招投标的丑闻事件，同时也为了谋求国际化的对策，有必要提高指名竞争招投标的透明性；作为其中的一个方法，有必要公开指名标准及其运用标准、指名结果、投标经过及其结果和发包标准。与投标参加资格等级一样，希望把指名标准作为一种简单的标准，指名所有具备资格的业者，但实际中却进行着大幅的筛选。这种筛选标准大多数情况下都没有明确地被指出，在第三者看来，非常地不透明。这样无法得到国民的信任，所以近年正在努力更加具体、明确地规定如何从同一等级业者中筛选指名业者的标准，并把它作为内部标准。当然，最终决定指名投标人的是像指名委员会那样的机关，但希望在投标公告中明确指名投标人的筛选标准。有一部分地方公共团体公布这一筛选标准。通过尽可能地明确公布这一筛选标准，可以在某种程度上消除国民对指名竞争招投标的不信任感。也有观点认为，从要分配当地建筑企业的工作量这一观点出发，很难明确筛选标准。但是，即使说地区优先，它本身也是有限度的；哪怕是把那种观点夹进去的筛选标准作为指名标准公开，也是有必要的使其内容不违反反垄断法。

（c）专家参与指名审查委员会

上述的报告书指出，"为确保指名的公共性、排除恣意的运用，与指名标准的制定完善相结合，使以该指名标准为基础的合理指名正常进行，其原则是应该以通过协商制的指名审查委员会的讨论进行指名。"也就是说，即使指名标准明确，如果由特定的招投标主管官员进行指名，就会存在被恣意运用的危险。所以，应该由协商制的指名审查委员会决定是否指名。而且，同一报告书指出，已经设置指名审查委员会的地方公共团体，应该讨论指名审查委员会的委员构成、审查方法及审查结果的应用方法等，应该避免其形式化、力求更高的合理性。在这次的当面调查中，许多的地方公共团体都设置了指名审查委员会。不过，它的构成是政府的第二把手、各部局长和作为事务局的合同担当课长及其他成员。地方公共团体的长官通常不是指名审查委员会的成员，从表面上看排除了首长随意决定的情况。但是，因为指名审查委员会的成员都是在掌握人事权的首长管理下的职员，所以他们当然会考虑首长的意向。希望指名审查委员会能合理地运营，也希望排除首长的干涉。如果指名标准没有过分考虑该地方公共团体的地区性，那么，通过明确的筛选标准也可以切实期望在这种体制下有一定程度的公平的指名。但是，可以想像，指名审查委员会只由该地方公共团体的管理职员构成就难以确保国际或全国性指名的公平性。正如最近讨论的那样，为确保公平性、维持透明性，应该在指名委员会中加入一些学识经验丰富的专家以防止恣意指名的发生。

（d）对未被指名者公布理由

如果使包括筛选标准在内的指名标准明确化，那么未被指名的建筑企业也可以理解未被指名的原因。但是，如果考虑到有资格参加投标的业者相当多的现状，使指名投标人仅限制在15家到20家，那么对指名审查怀有为什么自己没有被指名的疑问的建筑企业也会增加。也可以认为，事先公布指名资格审查结果存在更容易与指名投标人发生接触、助长围标的危险性。不知道是不是因为这个原因，大多数的地方公共团体都不事先公布指名投标人。但是，即使公布招标结果、明确所有的指名投标业者、可以比较自己与其他公司的不同，也是雨后送伞来不及了。至今为止，未被指名的建筑企业即使对指名存有疑问，也只是为获得指名而更加努力，并不要求发包人说明未被指名的理由。但是，随着指名竞争招投标的透明性和公平性被讨论，要求公布未被指名原因的建筑企业也会增加的！最重要的是，通过发包人公布未被指名的原因，增加排除指名随意性的倾向。在指名竞争招投标制度下，向未被指名者公布未被指名的理由有利于招投标的公平透明性。

(3) 确保公平性

关于确保日本的公共工程的公平性，人们认为只要对作为纳税人的国内建筑企业公平就足够了。但是，随着全球化的发展必须改变这种观点。日本已经是 1995 年 5 月成立的 WTO 组织（世贸组织）的加盟国，是 1996 年 1 月生效的《关于政府采购的协定》的缔结国（资料 5）。这一协定规定，不限于公共工程的采购，在所有政府采购中，"在审查供给者资格的过程中，不可以设置与其他国家供给者之间以及国内供给者同其他缔结国的供给者之间的差别。"[29]也就是说，不仅要确保国内企业之间的公共性，还要确保对国外企业的公共性，这是一种划时代的观点。

（a）地区优先的限制

以前，地方公共团体对于将发包公共工程发包给当地的业者这一点没有存在什么疑问。广泛地采取所谓地区优先的附带限制的竞争招投标，即把具有投标资格的业者和指名投标业者限制为该地方公共团体所在地和在同一地区拥有总公司、分公司的承包人。对许多政治家来说，把公共工程引到当地是非常重要的。当然，这是为了使公共工程所建成的设施能更多地被当地选民所利用和受益。还有，万一发现工程有瑕疵，如果是当地的承包人，就可以期待能够在短时间内得到修缮。同时，也是因为公共工程的施工能对当地经济产生的经济效果、特别是当地承包人的利益有巨大的作用。也就是说，除了工程费用金额巨大使当地的建筑企业无法承揽以及当地建筑企业因技术上的困难无法参加竞争等极特殊情况之外，如果公共工程的预算一旦被决定，该地方公共团体就通过指名竞争招投标使符合资格的当地建筑企业来承包。每逢选举，我们可以看到，在许多地区，建筑企业都以各种各样的形式支持那些被认为有政治能力招徕公共工程到本地的政治家。这就是所谓的政治性构造，这一构造经常被指出有问题。但是，如果考虑这是建筑企业为了谋求能够承包那些可以确保自己利益的公共工程所做的行为，那么这就是理所当然的。在本次的现场调查中，也有不少招投标主管官员认为，出于公共工程的目的对当地建筑企业分配工作量是理所当然的，这也是该地方公共团体的责任。

但是如上所述，现在的时代，选择公共工程投标人对国籍不同的建筑企业也必须公平。况且，即使可以承认有差别地指名同为纳税人的国内建筑企业，那也是一项过渡措施，将来从会计法和地方自治法的主旨来看，也应该是严格限制地进行的。指名竞争招投标和一般竞争招投标，在不违反反垄断法和会计法·地方自治法的范围内，优先当地建筑企业的地区自身也应有所限制。

（b）最低投标价格的限制

许多地方公共团体认为，如果采取通过竞争招投标决定承包人的方法，投标者为了承包公共工程，就会以大大低于预定价格的价格投标。但是也担心有恶意的承包人打算以低价格投标，承包工程后在施工的中途要求改变设计，企图提高合同价格，实施所谓的偷工减料的施工，有可能给地方公共团体造成巨大的损失。为了防止这种事情的发生，使投标者以合理的价格承包工程而设立的价格就是最低限制价格。如果投标者的投标价格比低于预定价格一定比例的金额即最低限制价格还低的话，即使该投标者是最低投标者也不能让其中标；应该与投标价格高于最低限制价格而又是参与投标业者中的最低投标者来签订合同。财务规则和合同规则或者在运用上规定，一定比例一般是在20%到35%的范围内。这种制度最主要的是为了维护发包人的利益，同时也考虑到了保护参加投标的其他认真的投标业者并确保公平性。这样，从确保公平性的观点看，可以说最低投标价格的限制是可以理解的制度。

但是，在利用了最低投标价格限制的投标制度下，如果投标业者知道了预定价格，就很容易推算出最低限制价格。只要以这一最低限制价格或稍微高于它的价格投标，就有可能承包该公共工程。此外，在预定价格的决定方面，如果地方公共团体的估算没有错误，那么，投标业者经过判断自己能否以这一最低限制价格承包后，参加投标就可以了。一般的指名竞争招投标，实际上最低限制价格都不成问题。因为在围标顺利进行的情况下，中标候选人由于知道发包人的预定价格，如果以预定价格相近的金额投标就可能中标。因而，承包人采取一切可能的手段想方设法地要知道预定价格或者设计价格。但是，关于最低限制价格成为问题的情况，可以说不是在进行围标的情况下，而是在竞争投标合理地进行的情况下。

如果发包人的目的只是为了确保公共工程的履行，那么还有比最低投标价格的限制更低廉的手段。那就是承包人确保必需、充足的履行保证。考虑到这一点，引进最低限制价格反而有可能造成提高公共工程成本的结果。关于履行保证会在后面叙述，依照现行新履行保证制度，地方公共团体根据公共工程的性质选择金钱型保证或义务型保证。无论选择哪一种保证制度，通过提高这些履行保证的保证金和损害赔偿预定额，就可能用相当低廉的成本来确保履行。有关已竣工移交的工程，为防备事后发现瑕疵，如果取得瑕疵担保保证就会万无一失吧。无论是指名竞争招投标还是一般竞争招投标，从确保履行的观点出发，在这两种情况下限制最低投标价格都不是什么有效的手段。

（c）低投标价格调查

与上述最低投标价格的限制相比，这是问题较少的制度。它是在最低投标价格小于一定的金额的情况下，中标候选人要为投标调查提供其施工估算的详细内容。公共工程的估算无论在时间上还是经费上，对投标人来说都是相当大的负担。可以想像许多参加公共工程投标的承包商通过粗略的估算参加投标并得以中标。万一粗略的估算就是最低投标价格，承包人如果以这个价格履行合同的话，反而有可能受到损害。承包人由于受到损害，有可能使合同的履行变得困难。如果根据新履行保证制度免除其履行保证，那么不能否认发包人有可能因为承包人不履行债务而蒙受巨大的损害。于是，请中标候选人交出该投标价格估算过程中使用的详细内容进行调查，根据这个调查判断承包人是否认真地进行了估算。参加围标并原本不会中标的投标人，可能会因为中标候选人的报价违背了最低限制价格而意外地成为最低价投标人，对于这种情况，也可以依据低投标价格调查不承认其中标，从而避免与其签订合同。但是，如果引进充足的履行保证制度，如上述（3）（b）与"最低投标价格的限制"所述相关的发包人的损害几乎都能避免。因而，从确保履行的意义上来说，这一低投标价格调查制度并不是太有效的手段。

但是，作为一种测试来排除那些本来不想履行工程、但想多少获得利益的有问题建筑企业，还是能够起到一定的效果。本来公平的竞争招投标，应该在认真考虑承包的投标业者之间进行。中标候选人不应有这种想法，即通过成为指名竞争投标业者这个方法按照先后排队的顺序从中得到回报。从这一点来看，不仅是中标候选人，也可以考虑让其他的投标业者提交估算的详细内容来获取调查结果。根据调查结果，对极端有问题的投标业者，通过指名审查委员会的审查，使其在一定时期不能参加投标，这也许能对确保公平的竞争投标起作用。

【注释】
①关于公共工程预付款保证的法律第2条中规定：
"（定义）在同法中，'公共工程'指与国家和地方公共团体及其他公共团体发包的与土木建筑相关的工程（包括关于土木建筑的工程设计、关

于土木建筑工程的调查及供土木建筑工程使用的机械类的制造。下同。）
及测量（指地图的测量、地图的调整及测量用照片的拍摄、政令规定以外
的事务。下同。），是有关资源开发等的重要的土木建筑的工程及测量，也
包括建设大臣指定的项目。（以下省略）"

同法中规定的"土木建筑"，在 1998 年 10 月的建设省公告中规定
如下：

依据《有关公共工程预付款保证的法律（昭和 27 年法律第 184 条）》
第 2 条第 1 项规定，指定下面列举的工程及测量为公共工程。

一、有关电力项目、煤气项目和媒体传播项目的设备扩建的工程及
测量

二、电力电话工程及其相关测量

三、铁道轨道工程及其相关测量

四、有关学校教育法（1947 年法律第 26 号）第 1 条规定的学校校舍及
其他教育设施、图书馆法（1950 年法律第 118 号）第 2 条规定的私立图书
馆的设备及博物馆法（1951 年法律第 285 号）第 2 条规定的私立博物馆设
施的工程及测量

五、有关制铁业、煤炭开采业、石油提炼业（包括石油储备事业）、
合成纤维工业、硫安工业、制盐业和造船业设备扩建的工程及测量

六、由接受国家和地方公共团体的补助金或与之类似的资金的法人
（营利法人除外）发包的工程及测量

六（二）接受国家的无偿资金援助，发展中国家的政府发包工程及测量

七、国家和地方公共团体出资的法人发包的工程和测量以及这些法人
为促进耐火建筑而贷款进行的工程及测量

八、日本劳动者住宅协会发包的工程和测量

九、日本开发银行及北海道东北开发公库出资的项目投资者发包的工
程及测量和有关其融资资金的工程及测量

十、冲绳振兴开发金融公库出资的项目投资者发包的工程及测量和有
关其融资资金［限于冲绳振兴开发金融公库法（1972 年法律第 31 号）第
19 条第 1 项第 1 号所规定的资金］的工程及测量

十一、健康保险合作社或其联合会和国民健康保险合作社或其联合会
发包的工程及测量

十二、基于国家公务员互助会法（1958 年法律第 128 号）国家公务员
互助会及其联合会、基于地方公务员等互助会法（1962 年法律第 152 号）

地方公务员互助会或其联合会发包的工程及测量

十三、森林行会、农业合作社、渔业合作社及它们的联合会发包的工程及测量

十四、财团法人邮政互助会和财团法人电力通信互助会发包的工程及测量

十五、依照道路法（1952 年法律第 180 号）的规定道路管理者以外的人所修筑道路的工程及测量和依照道路运输法（1951 年法律第 183 号）的规定有关汽车道的工程及测量

十六、有关厚生年金积累金和国民年金积累金的还原融资的工程及测量

十七、财团法人道路服务机构和财团法人高速公路交流中心发包的工程及测量

十八、根据土地改良法（1949 年法律第 195 号）有关土地改良事业的工程及测量

十九、根据土地区划整理法（1954 年法律第 119 号）有关土地区划整理项目的工程及测量

二十、都市开发法（1969 年法律第 38 号）规定：有关市街地开发项目的工程及测量。"公共工程"的范围被扩大到通常无法想像的程度。

②财政法第 4 条规定：

1. "（年度支出的财源）国家的支出必须以公债和借款以外的收入作为财源。不过，关于公共事业费、拨款和贷款的财源，在通过国会议决的金额的范围内，可以发行公债和借款。

2. 根据前项规定发行公债和借款时，必须向国会提交其偿还计划。

3. 关于第 1 项所规定的公共项目费的范围，每个会计年度都必须经过国会议决。"

③财政法第 34 条 2 规定：

1. "（负责支付的实施计划）各省厅长官，在根据第 31 条（资产分配）第 1 项规定在被分配的年度支出预算、后续费用（跨年度费）和国债负担行为中，有关公共事业费其他大藏大臣指定的经费，必须依据政令规定，根据该年度支出预算、后续费用和国债负担项目（指以国家支出为原因的合同行为，下同。）制定实施计划，并将其送给大藏大臣，得到其认可。

2. 大藏大臣认可了前项的支付责任的实施计划时，必须通知各省厅长官和会计检察院。"

④会计法第 10 条规定：

"（负责支出及支出事务的管理）各省各厅的长官，管理有关其所辖的支出负担（指财政法第 34 条 2 第 1 项规定的负责支出。下同。）。"

⑤会计法第 29 条规定：

"（合同事务的管理）各省各厅的长官，除了依据第 10 条规定，还要管理有关其所辖的买卖、租借、承包等其他合同相关事务。"

⑥会计法第 29 条 2 规定：

"（合同事务的委托·分担·招投标主管官员）

（1）各省各厅的长官可以根据政令规定将前条中有关合同的事务委托给该各省各厅的所属职员。

（2）各省各厅的长官，在必要的时候可以根据政令的规定将前项的事务委托给各省各厅所属的职员。

（3）各省各厅的长官，在必要的时候可以根据政令让该各省各厅所属的职员和其他各省各厅所属的职员分担一部分招投标主管官员的事务。

（4）第 4 条 2 第 4 项的规定适用于第 3 项的情况。

（5）依据第 3 项的规定分担一部分招投标主管官员的事务的职员叫做分担招投标主管官员。"

⑦会计法第 29 条 3 规定如下，一般竞争招投标是原则。

"（竞争、指名竞争、协议发包）

（1）招投标主管官员和支出主管官员（以下称'招投标主管官员等'）在签订买卖、租借、承包等其他合同时，除了第 3 项和第 4 项规定的情况，必须通过公告将招标付之于竞争。

（2）政令中需规定想要参加前项竞争的建筑企业所必需的资格、同项中的公布方法及其他同项中的竞争所必需的事项。

（3）由于合同的性质和目的参加竞争的业者为少数、第 1 项的没有必要采取竞争的情况以及同项中的认为采取竞争导致不利的情况下，根据政令的规定采取指名竞争。

（4）合同的性质和目的不允许竞争的情况、由于紧急需要无法采取竞争的情况及认为采取竞争导致不利的情况下，采取协议发包。

（5）合同的预定价格是小额、其他政令有规定的情况下，不局限于第 1 项和第 3 项的规定，根据政令可以采取指名竞争和协议发包。"

⑧会计法第 29 条 5 规定：

"（拍卖·投标）（1）根据第 29 条第 1 项、第 3 项和第 5 项的规定，特别是在有必要的情况下，除了采取拍卖的时候外，要以招投标的方法来进行竞争（以下称'竞争'）。

（2）根据前项的规定进行招投标的时候，投标者不能更换、改变或取消投标书"，以此作为竞争招投标的条件。

⑨会计法第29条4规定：

"（投标保证金）（1）招投标主管官员等依据前条第1项、第3项和第5条的规定采取竞争时，必须请参加竞争者缴纳其估计的合同金额的百分之五以上的保证金。但是，如果认为没有必要时，可以依据政令免收全部或部分。

（2）前项保证金的交付，依据政令可以通过提供国债和可靠的有价证券及其他担保来代缴"，提供投标保证金是投标的条件。

⑩会计法第29条8规定：

"（合同书）（1）通过竞争的方法决定了中标者时以及决定了协议发包的对象时，招投标主管官员必须依据政令制定记载合同目的、合同金额、履行期限、合同保证金相关的事项和其他必要事项的合同书。但是，如果政令上有规定，也可以省略。

（2）依据前项规定制定合同书时，招投标主管官员等与合同对方必须都在合同书上签名盖章，否则合同书不生效。"与通常的合同不同，合同书的制定和签署是必备条件。

⑪会计法第29条9规定：

"（合同保证金）（1）招投标主管官员必须向与国家签订合同的业者收缴合同金额百分之十以上的合同保证金。但是，依照其他法令允许延期交纳的情况下、业者提供可靠的保证或抵押物可以立即变现时，如果政令有规定，可以免收其全部或部分。

（2）第29条4第2项规定，有关前项合同保证金的交付适用于这一规定。"合同保证金的交付是合同所必需的。

⑫地方自治法第232条3规定：

"（负责支出）成为普通地方公共团体的支出原因的合同和其他行为（这叫做支出负担行为）必须依据法令和预算进行。"

⑬地方自治法第234条4规定：

"（支出的方法）（1）如果没有普通地方公共团体长官的命令，出纳主管和会计不得支出。

（2）出纳主管和会计在接受了前项命令时，必须在确认该支出负担行为是否违反法令和预算以及有关该支出负担行为债务已经被确定下来，然后进行支出。"

⑭地方自治法第 234 条规定：

"（合同的签订）（1）买卖、租借、承包等其他合同，采取一般竞争招投标、指名竞争招投标、协议发包和拍卖的方法来签订。

（2）前项的指名竞争招投标、协议发包和拍卖只限于适用于政令规定的情况下采用。

（3）普通地方公共团体在采取一般竞争招投标和指名竞争招投标的情况下，依据政令规定，按照合同的目的，把以在预定价格限制范围内从最高到最低的价格进行申请的建筑企业作为签订合同的对象。但是对于作为地方公共团体支出原因的合同，依据政令规定可以与以预定价格限制范围内的价格投标的业者中的以最低价格进行申请的建筑企业以外的投标者签订合同。

（4）普通地方公共团体在竞争招投标时收缴投标保证金，如果中标者不签订合同，那么它所交付的投标保证金（包括根据政令代付的担保）归该地方公共团体所属。

（5）普通地方公共团体在制订合同书时，如果该地方公共团体的长官或接受其委托的官员不与合同的对方一同在合同书上签名盖章的话，该合同就不生效。

（6）在政令中规定有关参与竞争的投标人必需的资格、竞争招标的公布和指名方法、协议发包和拍卖的手续及其他合同的签订方法的必要事项。"

⑮地方自治法施行令第 167 条规定：

"（指名竞争招投标）依据地方自治法第 234 条（合同的签订）第 2 项的规定，以下各项中列举的情况下可以采取指名竞争招投标。

一、工程和制造的承包及物品的买卖等其他合同、其性质和目的不适合一般竞争招投标时。

二、根据其性质和目的认为参加竞争的业者很少、没有必要采用一般竞争招投标时。

三、认为采取一般竞争招投标导致不利时。"

⑯地方自治法施行令第 167 条 2 规定：

"（协议发包）依据地方自治法第 234 条（合同的签订）第 2 项的规定，以下各项中列举的情况下可以采取协议发包。

一、买卖、借贷、承包及其他合同的预定价格（借贷合同时为预定借贷金的年额或总额）在与附表三的上栏中列举的合同种类相对应的同表下栏所规定的金额范围内、不超过普通地方公共团体的规则中所规定的金额。

二、不动产的买进和借入，普通地方公共团体必需的物品的制造、修理、加工和用于交纳的物品的出售等其他合同，其性质和目的不适合竞争招投标时。

三、由于紧急需要不能采用竞争招投标时。

四、认为采用竞争招投标导致不利时。

五、有希望以与时价相比非常有利的价格签订合同时。

六、采用竞争招投标而没有投标者及再次进行招标没有中标者时。

1. 依据前项第六号规定采用协议发包时，除了合同保证金和履行期限之外，不能改变采用最初的竞争招投标时所规定的预定价格等其他条件。

2. 依据第 1 项第七号规定采用协议发包时，要在中标金额限制内进行，除了履行期限之外，不能改变采用最初的竞争招投标时所规定的条件。

3. 在前面第二项的情况下，限于可以将预定价格和中标金额分割开来计算的情况，可以在该价格和金额的范围内分给数人，签订合同。"

⑰地方自治法第 167 条 3 规定：

"（拍卖）依据地方自治法第 234 条（合同的签订）第 2 项规定可以采用拍卖的情况下，动产出售的合同性质适于拍卖。"

⑱地方自治法施行令第 167 条 7 规定：

"1.（一般竞争招投标的投标保证金）普通地方自治体在采取一般竞争招投标签订合同时，必须向参加投标的业者收缴该普通地方公共团体所规定的一定比例和一定金额的投标保证金。

2. 依据前项的规定，投标保证金的交付可以通过提供国债、地方债和其他普通地方公共团体长官认可确切的担保来代付。"

⑲地方自治法施行令第 167 条 16 规定：

"1.（合同保证金）普通地方公共团体必须向与该普通地方公共团体签订合同的业者收缴该普通地方公共团体规则规定的一定比例或一定金额的合同保证金。

2. 第 167 条 7 第 2 项的规定，适用于前项规定的合同保证金的交付。"

⑳通过这次现场调查和问卷调查，从许多地方公共团体得到了财务规

则和合同规则副本。许多县的财务规则和合同规则都为适应各个市町村的实际情况而有所修改。如果读者提出想要作为参考修改其工作地的市町村的财务规则和合同规则的要求，笔者会尽力协助。

㉑国土开发技术研究中心的小泽道一理事预测，建设投资额从达到最高峰的 1990 年度的 84 兆日元减少到 2020 年的 55.2 兆日元。即使与 2000 年度的 68.8 兆日元相比，目前的工程开工量几乎减少了 13.6 兆日元。而且，可以预想由于过去的不良债权额和会计标准的改变，相当多的建筑企业会破产。

㉒据建设省统计，1999 年 3 月末的建筑企业数，大臣许可业者（相当于国家级企业的，在全国范围的）达 10,815 家、知事许可业者（相当于省级的）达 575,230 家，总计 586,045 家。

㉓预算决算及会计令第 96 条规定："（指名标准）（1）各省各厅的长官或接受其委托的职员，必须订制招投标主管官员等从前条规定的有资格的业者中指名参加竞争的业者的标准。

（2）规定各省各厅的长官或接受其委托的职员在制定前项的标准后，必须通知给大藏大臣。"

㉔依据 1999 年版《日本贸易振兴会贸易白皮书》，日本建设服务的出口额按以下变化：

1998 年 77 亿美元、1997 年 78 亿美元、1996 年 59 亿美元、1995 年 66 亿美元

㉕依据 1999 年版《日本贸易振兴会贸易白皮书》，我国（日本）的出口总额按以下变化：

1998 年 3,880 亿美元、1997 年 4,210 亿美元、1996 年 4,110 亿美元、1995 年 4,430 亿美元

㉖1996 年《关于政府采购的协定》第 9 条规定，"（参加采购计划的邀请）（1）机关按照（2）、（3）的规定，除了第 15 条（限定投标）中特别规定的情况外，公布参加所有采购计划的邀请。公布要通过附属书中所列举的适当出版物进行。

（2）对于参加的邀请，可以通过（6）所规定的采购方案的公布方式进行。

（3）附表 2 和附表 3 中列举的机关，可以把（7）中规定的采购预定工程和（9）规定的资格审查制度的公布作为对参加的邀请使用。"

还有，附属书Ⅱ中规定了出版物的种类；"附属书Ⅱ采购计划的公布

（第9条（1）及中标后进行的工程）为第8条（1）合同签订国所使用的出版物

日本国

附表1　官报

附表2　县报、市报和与之相当的出版物

附表3　官报。"规定了出版物的种类。

附表1显示了国家机关、附表2显示了地方政府机关、附表3显示了作为该协定对象的其他所有机关的具体名称。

㉗依据1996年《有关政府采购的协定》必须采购的建设服务，发包人规定的承包金额的标准额如下所示。

1. 中央政府机关——450万SDR（7.5亿日元）

2. 地方政府机关——1,500万SDR（24.5亿日元）

3. 其他所有的机关——1,500万SDR（24.5亿日元）

这个金额与一般适用标准额13万SDR（2,100万日元）相比是很大的金额，因此，要求今后要努力降低这一金额。

㉘1996年《关于政府采购的协定》第7条规定："（投标程序）（1）各缔约国无差别地适用本国机关的投标程序，而且确保符合从本条到第16条的规定。

（2）机关不可以用具有妨碍竞争效果的方法向任何供应者提供信息。

（3）在这一协定的适用上；

（a）公开招标的程序是指，所有感兴趣的供应者能够进行投标的程序。

（b）邀请招标的程序是指，受到机关邀请参加投标的供应者按照第10条3本协定的其他相关规定能够进行投标的程序。

（c）限制性招投标的程序是指，只在第15条规定的情况下机关与供应者个别磋商的程序。"

㉙1996年《有关政府采购协定》第8条规定："（供应者的审查）机关在审查供应者资格的过程中，不能在其他缔约国的供应者之间以及国内供应者与其他缔约国的供应者之间设置差别。资格审查的相关程序必须符合以下规定"，具体内容如下：

（a）提前公布投标资格条件，使有意投标者能够参与投标

（b）在资格审查中不可附加区别对待其他国家的投标参加者的、合同履行能力以外的条件。

（c）不能为了排除其他国家的投标参加者而利用审查期限和审查过程。

（d）使在短时间内刊登资格者名录成为可能。

（e）不要遗漏对不具有投标资格的有意投标者的资格审查。

（f）通知资格审查结果和资格的失效、免除。

（g）尽可能地统一资格审查。

（h）以破产、虚假申报为理由排除时也要以按照内国民待遇和无差别待遇进行等为条件。

第 2 章　改善政策中新履行保证制度的作用

1. 改善政策的问题所在

1993 年 12 月 21 日中央建筑业审议会提出"关于公共工程的招投标与合同制度的改革"的建议。因为对招投标、合同制度修订的同时，废止了合同履行保证制度和以前的工程完成保证制度，所以会上提议对新制度的修订应进行一年的讨论。

按照这个提议设置了建设经济局长的私人咨询机构"履行保证制度研究会"。1994 年 12 月这个研究会写了题为"公共工程的新履行保证体系"的报告书。1995 年 5 月 23 日中央建筑业审议会接受了这个报告书，对补充了合同保函等新履行保证制度下的"公共工程承发包合同标准条款"进行修正。1995 年 6 月 16 日自治省行政局长下发通知，要求从 1996 年开始废除"工程完成保证人制度"，并把"与接受合同对方委托的保险公司，签订工程履行保证合同时"作为可以免除合同保证金的情况条件（资料 1）。

1996 年 1 月自治省行政局科长发出"关于公共工程的履行保证"的通知，要求将 1996 年开始的以工程完成保证人制度为中心的履行保证体系转至以金钱型保证为中心的履行保证体系（资料 2）。具体说来就是把（1）旧有的履行保证保险和（2）为新履行保证制度而新设的公共工程用的履行保函这两种制度确定为能够免除部分或全部合同保证金的情况。另外，把（1）以前银行等金融机构的保证和（2）预付款担保公司对预付款保证新附带承担的合同保证特别条款，这两种制度与有价证券的提供同时作为取代合同保证金缴纳的担保措施。

提供现金及有价证券对承包人来说经济负担很大，所以在合同签订之前只有得不到履行保证的承包人才利用这一制度，这对发包人来说因为业务管理负担过大也不太受欢迎。所以，以上四种制度在新履行保证体系中被切实地应用。但也不是说新履行保证制度没有问题，其实从一开始就忧虑有各种问题。在讨论新履行保证制度的现状之前我想先接触一下这些问题。

(1) 金钱型保证制度的局限性

在对金钱型保证制度进行探讨时，很多地方公共团体提出了反对意见，由于工程完成保证人制度转变为金钱型保证制度，公共工程的顺利执行发生了问题。因此，新设了公共工程用的履行保函，它部分采用了美国以财产保险公司为主体的担保公司的保函。而对金钱型保证的反对意见主要有以下几种。

（a）解除合同手续

金钱型履行保证包括财产损害保险公司的履行保证在内，它与工程完成保证人不同，不是以公共工程的代为履行为目的。发包人向财产损害保险公司、预付款担保公司、银行等金融机构申请履行就保函索赔是在判明承包人无法履行该工程，发包人解除承承包合同之后。财产损害保险公司的公共工程用履行保函（即英文中的 performance bond——译者注）是惟一的例外。在这种情况是，财产损害保险公司在判明因承包人的原因而不能履行公共工程承发包合同时，把由发包人承认的其他承包人代为履行作为一种选择。在这次的调查中，也有几个地方公共团体接受了财产损害保险公司选择其他的承包人代为履行的案例说明。但在金钱型保证中保证金额不能超过合同金额的 10%，财产损害保险公司选择代为履行的可能性很小。而且，因为代为履行时财产损害保险公司必须负担的增加费用可能增长达20%，所以支付保证金额更能减少损害财产保险公司的损失。代为履行时，如果发包人要求财产损害保险公司对包括最初的承包人已履行的工程部分在内的工程总体承担瑕疵担保保证，提出公共工程用履行保函的保证金额是承包金额的 10% 并作为金钱型履行保证的时候，发包人很难指望由替补承包人代为履行该工程。

根据新公共工程承发包合同标准条款，发包人解除合同有以下几种可能。第一、承包人在预定工期内无法完成工程时；第二、承包人承认不能履行工程时；第三、承包人有不正当行为时。发包人在因承包人的责任而解除合同的情况下可以向承包人索取损害赔偿金[30]。另外，在新公共工程承发包合同标准条款中规定，损害赔偿金的金额由发包人适当地决定，例如承包合同金额的 10% 或举例说明的比例[31]。如果承包人不履行承包合同上的义务，结果给发包人造成损害时，发包人可以向承包人或者作为履行保证保证人的损害保险公司、预付款担保公司、银行等金融机构要求相当于承包合同金额 10% 的损害赔偿金。当然，由承包人完成的工程的部分承包人可以要求收取工程款，工程款要从预定保额中扣除。为了确认完工部分，有必要进行检查。

公共工程中进行预先支付、提出预付款保证的情况较多。首先预付款和完工部分的工程款相互抵偿，预付款比完工部分的工程款多时由预付款担保公司返还预付款。

因为是根据金钱型保证收取保证金，所以可以要求办理合同解除手续。这种合同解除手续在发包人的印象中很繁琐。承包人破产时，承包人规模越大同一发包人采订购的公共工程承发包合同就越多。这样的合同解除手续可能成为发包人的负担。这是第一点问题。

（b）再发包手续

经过以上的过程发包人解除公共工程承发包合同，财产损害保险公司、预付款担保公司、银行等支付履行保证的保证金，这个保证金在发包人的账上通常作为杂项收入记入发包人的收入款项。因此，为了完成未完成部分工程，发包人必须对工程未完成部分采取再次预算措施。在此基础上经过和新工程一样的投标，再和其他商家重新签订合同。在这次的调查中，这种做法不太被认可。因为施工初期解除合同再发包的工程内容和当初的没有多大变化，预定价格已经被知道了，所以不少发包人在再发包时改变了设计。这样的准备工作可能会使完成工期推迟，增加发包人的负担。

有的地方公共团体允许发包人把收入的履行保证金优先使用在该工程增加费用上，但为数很少。根据这项政策，该发包人可回避进行再发包合同预算措施的时间。因此，增加的费用如果在保证金额的范围内，合同解除手续、再发包手续会在较短时间办好，有可能在工程完成预定日之后不久完成工程。

另一方面，余下工程金额如果在一定金额以上，再发包就需要审议会认可，因而预算措施要花费很多时间，工程的完成会大大推迟。为了使工程顺利推进，保证金额高一些更好，可能应该提高到合同金额的 20% 左右吧。发包人因此支付的成本最多不过合同金额的 0.1% 到 0.2%。

（c）瑕疵担保（即维修担保——译者注）

金钱型保证中公共工程承发包被解除后，作为保证人损害保险公司、预付款担保公司、银行等金融机构支付合同保证金额的全额作为损害赔偿金。因此，发包人不能向保证人提出更高的要求。但是，因为不能履行承发包合同的原承包人处于危机的经济状态，所以不能说工程没有瑕疵。合同解除后，即使在提交完工审核的部分中发现瑕疵，也很难期待原承包人进行修缮维修。因为该承包人大多已经破产。理论上在再发包时可以包括原承包人完工部分的瑕疵担保，但承包人不接受，结果有可能使再发包价格上涨。这样的金钱型保证不能期待它有瑕疵担保的功能。

（d）约定赔偿额

公共工程承发包合同标准条款中规定，由于承包人的责任解除合同的，发包人可以要求承发包合同金额的一定比例（例如 10%）作为违约金。根据承发包合同条款规定，在违约金之外发包人可以要求其他赔偿金或损害金。但是，多数承发包合同条款中规定了违约金是损害赔偿额的预定额。在公共工程承发包合同标准条款中把合同保证金和担保充当为违约金。由预付款担保公司、履行保证、银行等保证的金钱型保证确定由担保代替合同保证金，违约金超过一定比例，例如超过承发包合同金额 10%的保证金额有点困难。财产保险公司的履行保证保险也带有定额填补条件特别规定，因为前提是在承发包合同上预定发包人的损害赔偿额，所以订立超过预定损害额的保证金额较困难。当然，违约金占承发包合同金额的比例是由发包人决定的，但因为规定 10%的承发包合同较多，所以增加金额有些困难。

但是，没有规定定额填补条件的履行保证保险或公共工程用履行保函，以承包人合同上的义务为担保，不必受违约金或损害赔偿额是合同金额的 10%比例的限制。可以把保证金额规定为承发包合同的 15%或 20%等任意的比例。因为，发包人可以任意确定合同保证金的金额，可以提出把履行保证保险或公共工程用履行保函作为免除合同保证金条件。

财产保险公司的履行保证保险、公共工程用履行保函、预付款担保公司的合同保证特别条款、银行等金融机构的履行保证这四个保证种类都包括在金钱型保证中。实际上发包人选择的金钱型保证都是把保证金额规定为承发包合同金额的 10%，与违约金或预定损害额一样。按照公共工程承发包合同标准条款，可以要求为工程未完成部分的再发包合同追加合同金额，要求完工部分的检查费用、再发包管理费用等增加费用，还有发现瑕疵后修缮维修费用。但如果从这些考虑，现行的合同保证金的金额还不能说是十分充足。这样的金钱型保证不管是在确保公共工程完成的意义上，还是担保发包人损害的意义上都不充分。利用金钱型保证时必须清楚这一点。

(2) 义务履行保证制度

(a) 理解不足

这次的调查很多招投标主管官员知道新履行保证制度，但整体上来说即便对金钱型保证有一定程度的了解，也不是对义务履行保证十分了解。工程完成保证人制度是义务履行保证的一种，很明显义务履行保证最有希望代替工程完成保证人的制度。但是公共工程的代为履行必须是依据建筑业法获得建设许可的建筑企业才行。另外，保证建筑企业和其他建筑企业签订承发包合同的做法经济合理性小，而且容易引起营私舞弊等不公平不正当的行为。在国际上不是完全被认可。

以美国、加拿大、中美南美为中心的各国使用履行保函，是把义务履行保证由像财产保险公司那样的由担保公司提供。特别是在美国、加拿大，如果原承包人不能履行承发包合同上的义务，通常担保公司就会由自己或雇其他承包人代为履行的方法履行保证义务。因为履约保函的保证金额是合同金额的50%到100%，所以与其全额支付保证金额不如代为履行对财产保险公司的损失更少。但是我国有建筑业法，财产保险公司代为履行在建筑业法上是有问题的。而且，合同保证金额在会计法、地方自治法上是10%以上，但考虑到现实中的保证金额是承发包合同金额的10%，所以一下子把保证金额定为承发包合同金额50%到100%的履约保函作为履行合同条件是困难的。

考虑到这种情况而创建的制度就是公共工程用履行保函。履行保函中规定作为保证人的财产保险公司在承包人不能履行承发包合同上的义务时有权选择给发包人全额支付保证金额或是让发包人认可的建筑企业代为履行承发包合同。财产保险公司在选择代为履行时，不管代为履行所支付的金额是多少，都要承担保证金额全额的保证责任，直到承发包合同上的义务完全履行为止。因此，公共工程完成转交给发包人之后不光是对于替补承包人履行部分在瑕疵担保期间发现的瑕疵，还要对原承包人履行部分承担修缮维修的义务。为此，对于发包人来说公共工程用履行保函作为义务履行保证是极为有效的。

在对没有使用义务履行保证的发包人进行调查中表明，上述公共工程用履行保函的功能并不被理解，仅仅因为有 1996 年 1 月自治省行政局行政科长"关于公共工程的履行保证"的通知要求进行"向以金钱型保证为中心的新的履行保证体系过度"，所以简单地认为使用金钱型保证好，而没有考虑到作为义务履行保证的公共工程用履行保函的利用（资料 2）。同时让人吃惊的是很多合同责任人完全不知道义务履行保证的功能和其利用方法。这种局面是因为没有考虑到新履行保证制度的有效利用，这难道不是应该及早改善的问题吗？

（b）提高保证金额

如果认为采用公共工程用履行保函就能确保工程期限内工程的履行，是有些草率的。因为财产保险公司未必选择由公共工程的替补建筑企业来代为履行。作为金钱型保证，不管承发包合同金额 10% 左右的保证金额是否很低，我们还是可以看到财产保险公司选择代为履行的例子，但这不被认为是普遍性的选择。一般如果保证金额不是承发包合同金额的 20% 或 30% 以上时就别指望财产保险公司会选择代为履行。当然，确实有必要选择代为履行是在保证金额占承发包合同金额的 50% 到 100% 的时候，但即便占 30% 很多情况下也有选择代为履行的可能。发包人认为义务履行保证有必要时的话，只要在签订合同时提出将公共工程用履行保函的保证金额提高到承发包合同金额 30%，并将其作为招标条件写明即可。

但是，现在多数的合同保证金是承发包合同金额的 10%，承包人会把保证金额的增加作为增加负担加以反对。但这种负担增加中保证金的增加会被包括在承发包金额里作为发包人负担的增加来处理。承包人不会自己承担保证金，因为可以在清算投标预定金额时追加到增加保证金的部分，所以建筑企业如果将包保证金作为反对的理由是没有根据的。保证金的增加不过承发包合同金额的 0.1% 到 0.2%，即使发包人负担与发包人的利益比起来金额也很少。如果即使这种程度的增加也想回避全面提价的话，可以采取从学校、医院等设施这种完成工期很重要的公共工程中提高保证金额的方法。

（c）义务履行的法定标准

什么情况下要求义务履行保证，发包人不同考虑方法也不同。发包人至少要在各公共工程投标招标公告时，在承发包合同中把不是要求金钱型保证而是要求保证金是承发包合同金额百分之几十的义务履行保证的意思明确地告诉投标预定的承包人。如果有可能的话，把接受金钱型保证或义务履行保证，以及履行保证金额占承发包合同的百分比等法定标准确定下来，交由这次的运营业主委员会、指名审查委员会个别讨论不是更好吗？

不管是发包人还是承包人都已经习惯了工程完成保证人制度，对保证金额没怎么意识到。即便是在这次的调查中，发包人对预付款担保公司施行的合同保证特别条款的保证金额也提出各种各样的反对意见。很多发包人认为，合同保证特别条款的保证金额应与预付担保金额一样，即承发包合同金额的30%到40%。令人吃惊的是，认为合同保证特别条款的保证金额与承发包合同金额相同的发包人非常多。基于对保证金额这种程度的认识，希望对于提高义务履行保证的法定标准及把保证金额提高到承发包合同金额的30%左右，在观念上和现实中均能无误地处理对待。随着建筑业越来越不透明，保证机构也有点可怜，我想奉劝让保证金额的提高能尽早实施。建筑业破产急剧增加后，如果保证金额能提高的话，保证机构承受无法预料的风险的可能性不是没有。

（3）确定担保被履行

发包人为了使公共工程承发包合同确实地被履行，可以让承包人提供合同保证金，提供作为担保的有价证券，让财产保险公司、预付款担保公司、银行等金融机构提供保证。承包人不履行债务的时候，现金当然不用说，有价证券也很容易变卖换得现款。但是，由保证人担保的情况下，能否确保保证人的保证履行才是问题所在。保证人因故破产时，该保证人担保的所有担保合同就不可能保证履行。另外，建筑企业破产时，该承包人因合同金额少等理由而被免除保证的其他所有的合同都会出现问题。

（a）保证人的承保金额累计

发包人要求义务履行保证时只能选择发行公共工程用履行保函的财产保险公司，但要求金钱型保证时选择哪家保证机构的保证由承包人决定。对于发包人不管得到哪家保证机构的保证都可以放心。但是，一旦承包人不履行债务时不能不关心保证人能否履行保证债务。最近几家银行的破产，也许无法期待破产的保证人履行保证债务了吧。

如果发包人真的想确保担保的履行，就有必要审查各个保证人的信用度，不承认没有信用度的保证人的保证这种对策本来就是必要的。但是，进行建筑企业资格审查的难度可想而知。那么怎样做才好呢？

为此，万一保证人破产了，应尽量减少发包人从该保证人那无法得到的保证履行的金额即该保证人的承保证金额合计金额累计。比如该保证人的承保证金额合计金额累计是该发包人公共工程预算的5%左右，万一保证人破产也不会成为致命的问题。这次的调查1998年在国家中建设省最大是2兆2,936亿日元，在地方公共团体中东京最大是3900亿日元，所以保证金额分别是1147亿日元、195亿日元。因为金额较大，对发包人来说希望最好对保证人的承保金额累计进行管理，以使其占公共工程预算额的2%，但不超过100亿日元。

现在预付款担保公司实际上独占当地，即使加上目前的限制，万一破产，地方公共团体全体将得不到履行保证的保证金额。比如，1998年最大的预付款担保公司东日本建筑业保证股份公司的负债达到了4763亿日元。此预付款担保公司预付款担保的累计额在1998年同年达到4.7兆日元，所以地方公共团体整体可能受到合计 5.2 兆日元的损失。依据"关于公共工程预付款保证的法律"建设省会对此预付款担保公司进行营业状况的监察，担心其破产似乎是多余的担心，但经过金融监督厅严格监察的银行也不是没有问题。特别是最大的东日本建筑业保证股份公司纯资产到 1999 年底为止是 1453 亿日元左右，同年度的保证金额合计金额累计 4 兆 7,998 亿日元也不过是 3%，再综合考虑到建筑业的现状，令人担忧。

（b）建筑企业的承包金额累计

对建筑企业来说，公共工程有预付款担保，考虑到自有资金负担减少、没有拖欠支付款的不安担心、支付时间早等原因问题，如果能得到投标资格，那就是一定愿意想参加与投标的那种合同。被称为总承包公司的大型建筑企业在全国参加参与了很多公共工程。如果看看地方公共团体，大型中坚企业也会参与参加很多地方的公共工程。这些建筑企业在公共工程投标时既可能会单独参加也可能会形成联合体构成企业团体共同参加。

不管哪种情况，在财产保险公司、预付款担保公司、银行等金融机构作成为保证人履行保证时都没什么问题。但或以过去两年内有同种同规模的公共工程经历、或根据领导的特别审查判断、或以该公共工程的承发包金额未满一定的金额、或以组成特殊的企业联合体等理由而被免除交纳合同保证金的就会产生问题。如果建筑企业破产，一般别指望该机构履行该国机构国家和地方公共团体免除交纳合同保证金的所有公共工程承发包合同。这种情况下，为解除合同或再发包要增加合同手续，发包人有可能蒙受由再发包带来的合同金额增加或工期拖延带来的费用损失等总额巨大的损失。像上述那样关系到大型建筑企业或中坚企业的情况，全国的损失累计过去有过实例㉒。

后面要讲到，考虑到建筑业现状这是个不能放置不管的问题。

对此也不是没有方法处理。方法之一是实施指名竞争招投标或限定性一般竞争招投标，各个发包人在对能参加招投标的建筑企业的资格审查时，将承包金额累计超过一定金额以上的建筑企业从有参与招投标资格者中排除。这样被排除的建筑公司就失去了以对发包人更有利的条件下签订承发包合同的可能性。发包人必须把握对建筑企业的发包余额或该建筑企业的承包余额，即建筑企业的承包金额累计。

第二个方法是，在所有情况下或除很小额的承发包合同外所有的承发包合同，获得要求合同保证金或代替它的担保、保证。这里说的小额不是 1995 年 9 月 19 日业务联络中的 2 亿日元，而是被允许协议发包的 130 万日元左右的金额。财产保险公司、预付款担保公司、银行等金融机构通常不仅对本公司及其他的担保公司保证的关于该建筑公司的承发包合同保证总额，还要对该建筑企业承担的全部承发包合同的合同金额总额进行把握，确认保证额总额及接受订货合同总额没问题后才会进行新的保证。所以自己要防止承包人承接过多过大的工程。即便万一承包人破产无法履行工程，凭借保证金额保证人会让其他承包人代为履行，或在保证金额范围限制内向发包人支付发包人蒙受的损失。因此毫无疑问，第二种方法对发包人来说是更安全。

2. 建筑业的现状

关于我国的建筑业的现状进行了许多分析，现将分析结果总结于下。

（1）建筑企业过多

在我国想要经营建筑企业的，依据建筑业法必须获得建设大臣或县知事的营业许可[33]这种许可原则上给予充分满足所有许可条件的许可申请者。不能因为以建筑企业过多为由不发许可。结果，2000 年建设大臣许可业者有 100,899 家，县知事许可业者有 590,081 家，合计达到 60 万家。另一方面，1998 年总承包商已完成合同额不过 765,136 亿日元。1998 年一年许可建筑企业数是 568,458 家，平均一个建筑企业的完成合同额不过 1 亿 3458 万日元。但 1998 年无建筑工程实际成果的建筑企业数有 247,485 家，即便除去他们只算有建筑成果的 321,063 家，一个建筑企业平均完成合同额也不过 23,831 万日元。建筑企业数比发包工程量多是个大问题。基本上可以说是过分竞争结构。

（2）建筑企业经营不善

说起建筑业的经营不善已经很久了。受泡沫经济的影响，作为相临产业的住宅金融产业首先出现破绽危机。金融业也受住宅金融公司相继破产的影响，很多银行等金融机构陷入困境。因为金融危机会给国民经济带来很大影响，所以国家决定投入 70 兆资金用以挽救金融业。幸好现在靠政府的各种振兴政策，金融业渐渐摆脱了危机的状况。建设行业为了确保工程量，在泡沫经济时期与很多房地产商、休闲产业企业保持关系，受这些企业破产的影响不但蒙受承发包合同的货款不能收回的损失，而且还蒙受由这些公司相关子公司带来的损失。为了确保承包的工程量，他们还为在与发包人或其分公司的建设资金筹措等向相关关联的金融机构提供巨额保证。

包括大建筑公司在内的经营不善企业不胜枚举。问题是，越大型、越中坚的企业与之关联的转分包企业越多。中小型企业构成了以大型企业为顶点的巨大金字塔。因此，大型中坚企业一旦破产，中小型企业不可避免的会受到影响。

（3）建筑企业没有履行能力

建筑企业是得到建设省或都道府县许可进入建筑业的。但是，也不是说得到建筑业许可的企业对所有建筑工程都有履行能力。特定建筑企业可能有一定金额以上的转包合同，但也有些企业不管是否是特定建筑企业，其承包的工程都是让转包者施工而自己的公司对建设工程几乎没有履行能力。关于公共工程，在资格审查的过程中也努力排除这些没有履行能力的建设企业，但文件审查这种方式还不能确保各个企业的履行能力。据建设省的调查，在 1998 年的 568,548 家许可企业中有建筑工程业绩的不过 321,063 家。剩下的 247,485 家中，有企业过去有业绩但碰巧 1998 年没业绩，但完全没有建筑工程能力的企业也不少。

(4) 围标特性

不仅是建筑业，在很多行业业界都存在进行围标。特别是在有特定买主或发包人进行巨额采购购买和订货的产业界中，想回避公平竞争想以能够确保利润率的价格买卖成交或订货承包。为此在很多行业业界构形成业界团体，卖主或买主相互建立亲密关系，为圆满进行围标努力。但是决不能认为企业的这种理论和行为是正确的。如果卖主或买主协商规定价格等再进行采购买卖或发包定货的话，这是反垄断法严格禁止的卡特尔行为。反垄断法正式的叫做"关于禁止垄断确保公平交易的法令"，在资本主义国家是为维护经济运营的秩序，规定企业活动基本规则的法令。即依靠公平竞争，维护市场机制的正常运行，谋求高效的经济发展。为此，限制不正当交易（卡特尔），禁止垄断、不公平的交易方式，特别是，有国家、地方公共团体这样连续大额采购购买或发包订货的政府筹措财政资金时一般以竞争招投标制度为原则。但在本来竞争就很激烈的领域，因为围标使卖主和买主得到的利益很大，所以发生围标的可能性很大。建筑业真的可以说是围标特性非常显著的行业。

(5) 金字塔型的建筑企业

前面也提到过，我国的建筑企业构成了以被称为总承包公司的大型中坚企业为顶点的金字塔型。依据我国建筑业，将建筑企业细分为 28 种，分别授予建筑企业许可，除土木工程业、建筑工程业以外不能单独实施综合建筑工程。为了确保各种建筑企业的施工工程量，最保险的方法是，与土木工程业和建筑工程业这样的综合建筑企业联手，将综合建筑企业承包的建筑工程合同即原承包合同转包。大型综合建筑企业在全国拥有转包企业的网络，参加建设的建筑公司可达数百家㉞。这样的金字塔分为，以加盟日建联的 65 个企业为顶点的大金字塔和以地方权威建筑企业为顶点的中小金字塔。可以说包括只有一个老板的小企业所有的建筑企业都会所属于某个金字塔体系。这种状况对于围标这样的卡特尔行为是个极好的组织结构，处于金字塔上层的建筑企业对下层的建筑企业有相当程度的支配权。

（6）中标工程量减少的可能性

1998 年的建筑工程完成额是 1288,666 亿日元，比前一年减少 7.8%。这个金额包括转包的订货部分工程合同金额，可以说是重复合同金额。除去重复部分实际的工程完成额是 765,136 亿日元，比前一年减少 7.5%。其中民间发包工程是 472,965 亿日元，比前一年减少 8.6%，政府发包工程即所谓公共工程是 292,171 亿日元，比前一年减少 5.5%。公共工程的完成工程额占总体的 40%。毋庸置疑，公共工程的增减对总体完成工程额有很大影响。1998 年，公共工程完成工程额的减少比民间工程的减少低，这体现了经济刺激政策的重要性，是政府不顾财政赤字，确保公共工程预算、维持公共工程采购水平双重努力的结果。

1998 年公共工程竣工额，属国家投资的大幅增长 15%，总体上也增长了 4.5%。但是，2003 年公共工程合同额，国家是 48,378 亿日元，减少 4%，总体上是 153,723 亿日元，比前一年减少 7.4%。

如果考虑到我国的财政赤字，长期维持现行的公共工程水平是非常困难的，今后必定会大幅减少公共工程的合同金额。不可否认，占 40% 的公共工程的减少可能影响到总体中标工程量大幅减少。

（7）连锁破产的扩大

中标量的减少会给过量增长的建筑企业的经营带来很大影响。平成 10 年 1998 年的建筑企业数是 56 万 8,458 家，而同年有建筑工程业绩的建筑企业像前面所述只占总体的 56%，即 32 万 1,063 家。剩下的建筑企业不是休眠公司就是依靠建筑工程承发包以外的收入来维持经营。预计今后的工程发包订货更少，这些困境中的建筑企业会陷入更艰难的状况。这种问题的加速是我国建筑业的特征。像前面所述的一样，在我国有金字塔型的体系，转包企业受处于上层的承发包企业实质性的支配。问题是处于上层的承发包企业现在处境非常困难。大型建筑企业的破产影响到不能对转包企业支付货款。相当部分收入依靠大型建筑企业的转包企业的承兑票据落空，无法维持资金周转。不光这种直接的损失，大型建筑企业的破产会以中标量减少的形式影响转包企业。依赖于上层建筑企业中标的转包企业很多不具备独立中标的能力，因此来自上层建筑企业的中标减少会直接反映在转包企业承接工程量大幅度减少上。结果，处于该大型企业体系下的建筑企业努力向其他大型建筑企业体系转移。但体系是传承下来的网络，改变不是容易的事。而且，很多大型中坚建筑企业的状况都大同小异，都有破产的危险，特别是没有接收新转包企业的能力。大型中坚建筑企业的破产会使体系下多数转包企业产生连锁破产。

　　最近考虑到建筑业中标困难的发包人在促进投标者组成企业联合体，用企业联合体的身份投标。意图是增加能参与总预算额一定的公共工程承发包合同的建筑企业的数量。因为企业联合体的成员对发包人要负担连带债务，所以成员中不管谁破产其他成员都必须代为履行破产企业的承发包合同上的债务。成为企业联合体成员时必须要考虑这个问题：如果没有发包人的指导，就从有相互利益关系的建筑企业中选择企业联合体的成员，于是就构成了与体系类似的提携关系。

　　另一方面，与企业联合体相关的发包人的态度有些复杂。因为企业联合体中标会招致中标机会分配的误解，所以"个体中标是原则"，构成企业联合体时2、3个企业还可以，但应该限制在5个企业。不是技术上的问题，首先是依据1987年中央建设业审议会关于提高由不同规模企业构成的特定建设企业联合体能参加公共工程的规模的咨询回答，其次是依据1994年4月建设省事务次官（相当于中国的副部长）通知[35]。不管怎么说这是原则。

对此，特别是地方公共团体有谋求上述中标机会分配的想法的，也有看法认为因为有很多建筑企业构成作为成员参加、负担连带债务，免除合同保证金更好。并且企业联合体成为承包人时，免除合同保证金的地方自治体依然存在。企业联合体的一个成员破产必须履行连带债务的承发包合同，如果有上述提携关系有数个合同，结果其他成员也面临连锁破产的危机。

这样，连锁破产的可能性在我国难道不比其他国家更大吗？

3. 保证机构的现状

（1）建筑业保证担保公司表现活跃

公共工程的魅力之一是公共工程比民间工程支付有保证，和有为建设企业资金周转更容易而引进的预付款制度的存在。根据预付款制度，在发包人支付预付款之后，如果承发包企业破产的话，发包人有可能因工程履行的状况而蒙受损失。为引入预付款制度，1951 年制定了"关于公共工程预付款保证的法律"。根据法律只有建设大臣许可的企业才能进行预付款保证担保经营。设立的许可企业是北海道建筑业信用保证股份公司、东日本建筑业信用保证股份公司、西日本建筑业信用保证股份公司 3 家。这 3 家公司把日本分为北海道、东日本、西日本 3 个营业区域，用地区垄断谋求经营的安定。财产保险公司也可以把预付款保证作为保函业务来开展，但因为依据以上法律得不到建设大臣的许可，只能进行对于民间建筑工程和海外建筑工程合同的预付款保证。

预付款担保公司在建设省的指导下顺利发展，确立了在公共工程领域的预付款担保制度。在此期间不但跟国家和地方公共团体的合同负责部门建立了密切的关系，还通过各都道府县的建筑业协会强化与各地建筑企业的关系。平成 12 年 2000 年公共工程承发包合同的预付款金额的比例从以前的 30% 增长到 40%。

但是预付款担保公司并不满足现有预付款保证领域的成功，经常积极扩大规模。在预付款保证领域，力图在各地方公共团体的公共工程承发包合同中引入预付款制度。见到成果之后又努力提高预付款制度。但是国家、地方公共团体发包合同的公共工程是有限制的，预付款保证险公司和建筑企业共同努力扩大建设省公共工程的范围。"关于公共工程预付款保证的法律"第1条"公共工程"的定义是按建设省令规定的，但它的范围非常广。结果，3家预付款保证担保公司执行预付款保证的承发包合同金额是26兆4,406亿日元，保证总额实际达到90兆517亿日元。

仅仅这样预付款担保公司是不满足的。1951年设立预付款担保公司时，领域调整为投标保证及履行保证使用财产保险公司的投标保证保险、履行保证保险，只有预付款保证由预付款担保公司实行。但预付款担保公司一有机会就继续向建设省表明想参加完成保证领域的意愿。

废止公共工程保证人制度后，预付款担保公司继续推动建设省认可把预付款担保公司的保证作为合同保证金的担保。虽然不规范，但以作为预付款保证的两条特别规定"关于公共工程合同保证的特别条款"附带接受的形式同意履行保证（资料6）。这样代替工程完成保证人的新履行保证制度的一部分任务就由预付款担保公司承担。

平成8年1996年国家及地方公共团体施行新履行保证制度后，预付款担保公司继续推动发包人的合同负责部门。甚至发包人的合同负责官员说，工程完成保证人制度废止后，由预付款担保公司的合同保证特别条款总括该地方公共团体预付款保证和履行保证，或因为不能得到预付款担保公司的合同保证特别条款的履行保证，对于不采用预付款制度的小额合同免除保证。

结果，1998年3家预付款担保公司，预付款保证金额是90,517亿日元，履行保证金额是8091亿日元，实际进行了总额约为 10 兆日元的保证。

(2) 银行的担忧

讨论新履行保证制度时，银行通过银行协会表示了想参加作为代替工程完成保证人制度讨论的合同保函的意愿。依据保险法，合同保函被视为"财产损害保险"，引起不少麻烦。结果，银行法第 10 条第 2 项第 1 款中作为债务保证的"银行保函"被确认为代替合同保证金的担保。

在我国保证是银行担保的意识比外国普及。国家一级暂且不谈，地方公共团体要求银行担保代替合同保证金担保的很多。但是对于银行保函保证时间是重要因素，保费也是按日收取。不仅公共工程在建筑工程中工期延误或设计变更是常见的，随设计变更工期变更的也很多。银行保证中这种变更手续是不可缺少的。承发包金额少的当然担保金额也少，保费也少，因此把关系公共工程的履行保证与保证业务手续比较是没有意义的，而且公共工程的履行保证在银行的评价很低。居然完全没有把公共工程相关的履行保证和其他种类的银行保证区别统计，真让人吃惊。当然缺乏公共工程履行保证统计的并不是说对包括各个债务人的保证金额的授信总额没把握。对各个债务人的授信额度，银行当然有把握。银行的授信形式有股份投资、公司债券交易、贷款、贴现票据、债务保证等各种种类，银行把公共工程的履行保证作为附带业务包括在"债务保证"中。在"债务保证"中，该银行根据自己的资金状况不能自行贷款，但可以依靠对其他金融机构的贷款，提供对贷款偿还的保证。相反，关联公司向银行贷款作为条件可以从建筑企业取得保证。特别是建筑企业拥有多家与房地产或与休闲产业相关的子公司，对于子公司的借款，不少银行都要求连带保证。由于泡沫经济崩溃这些子公司中很多破产，建筑企业对银行负担保证债务。为此，对建筑企业的授信陷入危机。

1996 年以后，被称为大型、准大型的中坚建筑企业要求银行等金融机构放弃巨额债权[30]。这个总额实际上超过 2 兆日元。

对于进行公共工程履行保证的银行等金融机构来说，对建筑业授信当然要慎重。

但公共工程对银行——特别是对地方银行来说是重要的领域，所以不能和这个领域隔绝。因此，银行对发包人难道不是应保持积极的姿态吗？对于发包人来说，要考虑的是能否从提供金钱型保证的银行和农业信用社等顺利地取得公共工程保证责任的履行。

更甚者，银行业自身现在存在危机状况。国家感到以银行业为中心的金融机构的危机状况有可能导致金融系统崩溃，由此推行零利息政策并投入 70 兆日元的国家资金。我国的银行等金融机构已经进入实质性破产的状况。为度过危机，银行试图和至今为止激烈竞争的其他银行携手或从其他行业引进资金、技术等。因为，万一建筑业面临危机，没有能单独支撑建筑业的力量。

负责一部分新履行保证制度的银行想以进入新领域的姿态进入这一领域，但所面对的情况让他们不得不是消极的姿态。当然也有的地方银行对公共工程的履行保证像对新领域一样积极对待，但这只停留在有限的几家银行。

(3) 保险公司的营业姿态

1951 年以后财产保险公司在建设省的要求下开发了公共工程用投标保证保险和履行保证保险。这是为弥补因投标人和承包人不履行债务给发包人带来的损失而设定的保险，具有金钱型保证的特点。但国家及地方公共团体除一部分发包人外，以这种金钱性保证不能保证工程完成的理由而对之持消极态度。

随着我国建筑业和贸易公司国际活动的活跃，利用许多国家使用的保函的必要性不断增加。因此，1974 年财产保险公司得到大藏大臣的许可，把保函的经营作为业务的一部分，开始在国内外发行保函。1994 年在保险业法的修改中把保函业务作为赔偿保险，在保险业法上明确规定出来。合同保函是保函业务的一种。在合同保函中，作为合同保函保证人的财产保险公司是一个组织,在合同保函上记载的债务人不履行债务的情况发生时,向合同保函的受益人即债权人全额支付保证金额,否则自己或起用第三者代为履行主要合同上的债务。关于合同保函,1994 年 1 月国际商会制定了"合同保函统一规则"(ICC Uniform Rules for Contract Bonds Publication No.524),国际通用[37](资料 3)。

新履行保证制度中新引入的公共工程用履约保函是合同保函的一种,是为公共工程用特别开发的商品(资料 7)。在公共工程用履约保函中,万一承包人不履行公共工程时,作为履行保证的方法财产保险公司可以采用以下的某种方法。第一种方法是,向发包人全额支付保证金额。第二种方法是,财产保险公司让发包人认可的其他建筑企业继续承发包合同完成工程,并负担由此带来的追加费用。像这样公共工程用履行保函具有了金钱型保证和义务型保证两者的功能。形式上按保证金额占承发包合同金额的比重即付保比例划分,付保比例在 10% 以下的是金钱型保证,30% 以上的是义务型保证。在新履行保证制度中选择保证金额是承包金额 10% 左右的金钱型保证还是 30%的义务型保证由发包人决定。财产保险公司对于合同保函的营业姿态因审查能力和授信能力而不同,但因为承包人的履行能力和信用度将左右营业成绩,所以每个财产保险公司都会倾力进行正确的承保资格审查,特别是实行严格的内部规定。因为关系到承包人其他保险的经营,以及有营业额要求的销售部门的压力,承保资格审查一定要无误。

财产保险公司当然认识到建筑业整体的严峻形势。但应该从可能进行与保费相称的承保资格审查来考虑,与已经有建筑业不良债权的银行等相比,保险业对于建筑业的不良债权还不多,和银行放弃债权的损失相比也很少。再加上,财产保险业和人寿保险业不同,由泡沫经济崩溃带来的损失较小,维持着健全性。在某种意义上,可以说是金融业惟一比较有实力的。加之,建筑业是财产保险公司重要的保险市场,配合建设业的要求最大限度地的运用承保能力的空间很大。也有财产保险公司非常警惕这种状况，不是很积极地对待建筑企业和发包人。但为了公共工程的顺利进行这种大话暂且不论，幸运的是很多财产保险公司对经营公共工程的履约保函还是非常积极。

4. 新履行保证制度的作用

（1）削减用于审查被指名者的业务经费

国家及地方公共团体为维持指名投标制度，有必要从投标企业中选取最适合该公共工程的企业。为此首先审查资格企业，分等级。这次的现场调查表明，都道府县有数千家、市里有2千家、町里有1千家、村里有数百家有投标资格的企业。可以想像以文件审查为中心的企业审查对各个发包人是相当大的负担。都道府县平均为4000家、市平均为2000家、町平均为1000家、村平均为400家，乘以1999年5月的都道府县市町村的数量，从我国地方公共团体整体看发包人审查件数的合计实际上达到375万家。审查成本按一件1万日元仅计算光登录资格企业，发包人合计要支付375亿日元。

指名投标人的选定理论上至少是10倍，一个工程案件可能要审查150家指名投标资格人。选定指名投标人时多数发包人不只是合同主管官员，还要召开由发包人的相关部门局长组成的指名审查委员会，把这些成本计算在内一个工程案件的成本可能达到75万日元。指名招投标的件数按这次调查对象公共工程519,709件的80%推算，指名投标人的审查成本国家整体达到3118亿日元。

如果废止指名投标制度，至少不用上述的成本。另一方面，一般竞争投标依据会计法和地方自治法的规定要求投标保证金的增加了。因为成本由投标企业负担，建设企业也会有反对意见。但这是既然参加公共工程的投标就需要的成本。把投标保证的保证金额定为公共工程承发包金额的5%左右，保费率预计是承发包金额的 0.01％，1998 年的公共工程承发包金额 15 兆日元为预定基础，保费的合计大概是 15 亿日元。这次调查表明按 1998 年的数据把公共工程件数定为 50 万件的话，每件的成本平均不过 3000 日元。不是还没到建筑业企业反对的金额吗？

对履行保证如果全面利用新履行保证制度，指名竞争投标和一般竞争投标可采用同样的保证。但发包人可能认为审查并指名投标企业的指名竞争招标投标发生保证事故少。但因为发生保证事故的话担保公司会蒙受损失，所以与政府机构和信用调查公司相比当然审查严格，所以。不能一概而论地认为一般竞争投标就一定比指名竞争投标发生保证事故更多吧。

如果有问题，现行的履行保证金水平即 1998 年保证金额相对于承发包合同金额的比例，在这次的调查中是 10％，但这样不一定能保证工程完成。根据公共工程承发包合同标准条款，由于承包企业的原因解除合同时的违约金，是承发包合同金额的 10％，加上工程完成部分的检查费用、支付材料的归还费用、借贷品的归还费用、工程用地的修复费用发包人不能不暂时负担，一般解除合同后，发包人为完成残余部分的损失额在 20％左右。所以，发包人没必要让合同保证金和违约金一致。会计法上也提出 10％以上的合同保证金，比如作为合同条件发包人可以把保证金定位为承发包合同的 20％。如果保证金额是承发包合同金额的 30％，身为担保公司的财产保险公司选择使用其他承包企业代为履行完成工程作为其履行保证债务的方法的可能性很高。对于希望在特定工期内完成工程的发包人，或想尽量收回因为承包企业不履行债务而产生的损失的业主会被推荐把保证金额提高到承发包合同的 30％左右。由于保证金额提高带来的保费的增加，与承发包合同金额 10％的情况相比增长 2.5 倍。1998 年 15 兆日元的公共工程承发包合同金额如果全部作为义务型保证，保证金额 4.5 兆日元、保费费率为承发包合同金额的 0.175％的话，保费总额就成为 263 亿日元。所以，与金钱型保证相比费用增加 158 亿日元。另一方面，指名竞争投标的情况中发包人的指名投标企业审查经费以上述方法计算是 3493 亿日元，即便全采用义务型保证，整体上也可节省经费 3335 亿日元。

（2）因灵活运用竞争性招投标而节俭费用

指名竞争招投标和协议发包下的承包企业不必对发包人展开激烈的价格竞争。如果辨明发包人设定的预定价格，只要努力以不高于预定价格金额订合同就可以。

采用协议发包时，承包企业要尽量和发包人接触，首先努力让自己被选为承包企业。为此，承包企业要向发包人介绍自己公司的业务内容，同时表示想承接参加该发包人的发包工程。这样如果被指定为协议发包的承包企业，承包企业首先要考虑以公布的预定价格签订合同。如果发包人事先没有介绍预定价格，就要努力把预定价格的信息弄到手，再以接近那个价格的价格签订合同。

指名竞争投标时，承包企业首先要促使自己被指名为指名投标企业，同时努力打探关于该公共工程的预定价格信息。从 2000 年开始有的发包人事先公布预定价格，但如果没公布也要用一定手段获得。接着要努力获得其他指名投标企业的相关信息。更应该获得在该公共工程中相抗衡的指名投标企业以什么价格投标的信息。1 项公共工程根据承发包合同金额的不同会有5 到 15 家指名投标企业。像这样企业数有限的情况下，有可能和指名投标企业接触，所以不排除围标的可能性。

1996 年以后公布中标结果的发包人增加。从中标结果来看，多数公共工程都是以预定价格的 97％到 95％非常接近的价格中标的。即便是 2000 年后公布预定价格，这种倾向也没什么改变。

与此相反，一般竞争投标时原则上不限定投标者的数量。所以，通常到投标日才知道哪些建筑企业参加投标，而且事先完全知道参加投标者的投标价格是很困难的。发包人公布预定价格或设计价格和最低限制价格的情况下，以最低限制价格以上可能履行的价格参加投标。招投标非常严格的情况下，也不能说没有以可能有少许赤字的价格参加投标的。结果，多数场合中标价格低于预定价格 15%到 20%，有的甚至低于预定价格 35%左右。由于以程序上的理由，现在公共工程利用一般竞争招标的基本合同件数没有达到 10%，其基本承发包合同金额也没有达到 20%。如果把一般竞争投标普及到基本合同件数的 50%，基本承发包合同金额的 80%的话，灵活运用一般竞争投标节俭的费用会达到总元承发包合同金额 15 兆日元的 12%左右，1998 年实际达到 1.8 兆日元。

(3) 减轻发包人的检查任务

如果由于承包企业破产等原因不能履行承发包合同，发包人为了清算预付款，必须对工程完工部分进行检查。从预付款中扣除成交额的价款后如果有剩余可以向投保的预付款担保公司要求支付剩余金额。新履行保证制度下如果合同被解除，从合同保证金或履行保证保险、公共工程用履行保函、预付款保证的合同保证特别条款、银行保证、其他的担保中确保相当金额的违约金，担保关于合同解除后成交额部分的瑕疵保证。但没取得履行保证时，确保得到瑕疵担保是有困难的。发包人为避免要求对部分完工的工程提交瑕疵担保保函需要严格进行工程完工调查，并从成交额中扣除瑕疵部分的价款，需要增加对预付款担保的索赔额。当然，强化检查业务会增加检查成本。

如果公共工程用履行保函不作为金钱型保证而是作为义务型保证被利用时，情况就会有所不同。义务型保证中，财产保险公司会让发包人承认的替补承包人履行未完成部分的工程，同时提供未完成部分的瑕疵保函。财产保险公司为让替补承包人继续工程的未完成部分，会对未完成部分进行检查，与此同时代位取得对发包人的预付款担保公司预付款保证的索取权。发包人依然会进行工程检查，但不像检查工程完成部分瑕疵那样严格，因为，财产保险公司系按主合同进行担保，它不仅对替补承包人的工程部分，还包括以前承包人的工程部分，以及工程完工后发现的瑕疵。

由于发包人检查业务意义的变化关系到检查业务的内容，检查业务的负担也会大幅度减轻。

（4）减轻进行再发包的业务负担

在新履行保证制度中，发包人根据该公共工程的特征决定要求金钱型保证还是义务型保证作为承发包合同上的履行保证。承包人提出金钱型保证的情况下，如果因为承包人的责任无法履行承发包合同而解除合同时，从担保公司领取金钱型保证的全部保证金额来充当违约金。对于违约金发包人通常以杂项收入入账。一部分发包人采取在入账的违约金范围内增加合同金额支付残余工程承包人的方法，而多数发包人对工程完成部分进行与新合同发包一样的程序再发包。即重新确定工程未完成部分的内容及条件，讨论新的预算措施，经过指名竞争投标决定中标者，签订新的承发包合同。这种再次招投标业务负担很大，特别是对象町村招投标主管官员少的发包人来说，是相当的负担。如果发包人对同一承包人签订了数个承发包合同，不得不在短时间内进行数个工程承发包合同的再次招投标，所以负担更大。

但是如果幸运地取得了义务型保证，只要发包人认可财产保险公司为履行工程未完成部分找来的代为履行企业，对工程完成部分进行预付款保证要求的成交额检查后，代为履行企业可以马上履行工程未完成部分。因此，发包人可以减轻上述再次招投标业务的巨大负担。因为代为履行企业为工程未完成部分的工程承发包合同必需的增加费用由财产保险公司承担，到承发包合同履行完毕为止，发包人不必负担该替补工程的增加费用，当然不用新的预算措施。

（5）确保国际性

新履行保证制度中当然不认可由"工程完成保证人"提供的履行保证。国际上也不施行"工程完成保证人"保证制度，诸国许多国家认为"工程完成保证人制度"是围标的温床，是不透明的保证制度。相反，新履行保证制度新采用的公共工程用履行保函，是基于"ICC 合同保函统一规则"这一国际商会指定的国际规则的保证制度（资料 3）。可以说是真正的国际保证制度。虽然"见索即付保函"有问题，但是通过银行保证经常被利用。这一统一规则可以与之相抗衡，是我国带头发挥发达国家主导作用而制定的国际最新统一规则。1994 年 1 月制定的这一统一规则 1996 年 4 月被引入到我国关于公共工程的新履行保函制度中，因而世界各国都关注其动向。欧美的政府和建筑业对我国公共工程的投标、合同制度强烈批评，也可以认为由此新履行保证制度的引入所象征的投标、合同制度的重新规定，已被部分接受。笔者作为 ICC 保险委员会保证部主任部门会长兼保险委员会副委员长主席参加了此合同保函统一规则的制定，在统一规则制定后到世界各地巡回演讲，为取得国外有关人员的理解而努力。参加过以欧洲诸国有关人员为对象的伦敦·巴黎研究小组，以中美南美洲诸国有关人员为对象的旧金山·华盛顿·布宜诺斯艾利斯研究小组，以亚洲诸国有关人员为对象的吉隆坡·新加坡·上海·东京研究小组。结果，新履行保证制度特别是公共工程用履行保函作为国际保证制度被世界各国特别是联合国国际商法委员会、欧洲联盟 DG9·DG15、世界银行、国际商会、国际信用担保保证协会、泛美担保保证协会、美国保证担保协会、国际咨询工程师联合协会（FIDIC）等国际机构认可。

新履行保证制度中新引入预付款保证的履行保证特别条款的履行保证是我国特有的制度。因为预付款担保公司现行的地域垄断营业制度，从国际上看与垄断禁止法关联有发生问题的可能性，尽早考虑与财产保险公司的预付款保函和银行的预付款保证并用，并考虑如何避免"工程完成保证人制度"那样的批评不是更好吗？

【注释】

㉚新公共工程承发包合同标准条款第 47 条中"甲方（＊业主）、乙方（＊承包人）符合以下条件中的一条时可以解除合同。

一、无正当理由过了工程开工日期却不开工的。

二、由于一定原因在工期内没有完工的，又不能承诺在工期后一段时间内完工的。

三、没在第 10 条第 1 项地第二款中提到的。

四、前三项中提到以外的违反合同的情况，而且承认由于违反合同，目的无法实现的。

五、不根据第 49 条第一项的规定提出解除合同的，按规定（以下略）。"

㉛新公共工程承发包合同标准条款第 47 条第 2 项中规定"（2）根据前项规定解除合同时，乙方（＊承包人）必须支付相当于承包款 10 分之○的金额作为违约金，并在甲方（＊业主）指定的期限内支付。（以下略）"，注解中解释"例如○的部分可以添入 1"。

㉜1994 年公司更生法适用申请的村本建设，在全国有 100 多件公共工程承发包合同。大型或相当规模的建筑承包公司经常拥有数百或数千项公共工程承发包合同。

㉝建筑业法第 3 条中规定

"（建筑企业的许可）（1）想要经营建筑企业的人必须得到许可。根据以下的区别及此章的规定，在两个都道府县的区域内开设营业所者（总店或分店或以政令确定的以此规定为准。以下相同。）需得到建设大臣的许可。只在一个都道府县区域内开设营业所者需获得管辖该营业所所在地的都道府县知事的许可。但只承包由政府规定的小规模建筑工程的不受上述限制。

一、下面列举之外的要经营建筑企业者

二、从业主手中直接承包一项建筑工程，把此工程的全部或一部分转包的转包金额（此工程转包两次以上的，是转包的总金额）达到政府规定金额以上并要实施签订转包合同的

（2）前项的许可分别给予附表上栏所列建筑工程的种类，与该表下栏所列建筑企业。

（3）第 1 项的许可，如果不 5 年更新一次，过期作废。

（4）如果在该项许可时间（以下称为"许可的有效期"）未满之前未能对更新申请做出处理时，原许可在有效期满之后到更新申请处理之前的

这段时间内依然有效。

（5）前项情况下，如果更新申请被批准，新许可的有效期从原许可有效期满之日的第二天算起。

（6）接受第 1 项第一款所列的该项许可时（包括第 3 项的许可更新。以下称为"一般建筑企业的许可"），在接受第 1 项第二款所列许可（包括第 3 项的许可更新。以下称为"特定建筑企业的许可"），该建筑企业的一般建筑企业的许可失效"。

㉞建筑企业中，以 IT 化著称，把转包企业及资料企业网络化，起到在原来协会成员以外也可以转包和纳入资料的作用。

㉟1994 年 4 月 27 日《关于直接管辖工程中企业联合体的处理》对 1985 年的上述规定进行了修正，把特定建筑企业联合体可以参与竞标的对象工程规模提高 2 倍。水利工程是 100 亿日元，隧道闸门工程是 50 亿日元，建筑物工程是 30 亿日元，桥梁工程是 20 亿日元。而且，企业联合体的成员数限制在"2 或 3 家"。

㊱2000 年 9 月 1 日的日本产经新闻朝刊报道，建筑业的债权放弃要求达到下面所列的 2 兆 1349 亿日元。

1996 年 10 月   飞鸟建设：减少保证债务 6400 亿日元的要求（富士银行等 32 家银行同意）

1998 年 11 月   青木建设：放弃 2049 亿日元债权的要求（朝日银行等 29 家银行同意）

1998 年 12 月   长谷川股份有限公司：放弃 3900 亿日元债权的要求（大和银行等 3 家银行同意放弃 3546 亿日元）

1999 年 2 月   佐藤工业：放弃 1200 亿日元债权的要求（第一劝业银行等 19 家银行同意放弃 1109 亿日元）

2000 年 5 月   哈扎玛：放弃 1050 亿日元债权的要求（第一劝业银行等 4 家银行同意）

2000 年 9 月   雄谷组：放弃 4500 亿日元债权的要求（住友银行等 5 家银行同意）

㊲ICC 合同保函统一规则是我国全行业一致向 ICC 要求，ICC 保险委员会保证部起草，保险委员会认可，随后得到银行委员会、商业习惯委员会的追认，1994 年 1 月制定的统一规则。现在世界各国发行的合同保函多数遵循此规则。联合国国际商法委员会（UNCITRAL）2000 年 7 月 3 日劝告更广泛的利用此规则。为制定此规则，笔者作为保证部主任兼保险委员会副

主席参与编订。承蒙 ICC 日本委员会的好意，笔者将本统一规则作为资料
3 附在书尾。

第3章 新履行保证制度的现状

前面已提到过，本书完成之际，从1996年8月开始大约一年间，对国家所有地方公共团体进行了调查，而且，笔者还亲自设法走访了合同负责部门，对122个地方公共团体进行了调查。这次调查的时间对象是1996年到1998年共3年。这次调查以全国各省厅为对象，得到了各省厅各团体的鼎力合作和支持，包括总务厅、北海道开发厅、法务厅、国土厅、建设省、自治省、邮政省、众议院、参议院等9个省厅，北海道，青森县、岩手县、宫城县、山形县、福岛县、茨城县、栃木县、群马县、崎玉县、东京都、神奈川县、富山县、爱知县、京都府、大阪府、奈良县、冈山县、山口县、香川县、爱媛县、高知县、福冈县、熊本县、冲绳县，计1都2府21县为主的东京23区、422市、760町、183村等共1413个公共团体。调查获得的信息整理如下：

1. 工程完成保证人制度的废止状况

工程完成保证人制度是1996年以后，在国家及地方公共团体中被全面废除。但是，废除的现状又如何呢？

这次调查的时间对象是1996年到1998年共3年。在这次调查中给予大力协助的国家机关有总务厅、北海道开发厅、法务厅、国土厅、建设省、自治省、邮政省、众议院、参议院等9个省厅。这些省厅签署的公共工程承包合同共有47,992份，金额达到29,693亿日元。据建设省资料显示，由于1998年国家公共工程竣工金额达到29,838亿日元，可以说调查结果有99.5%

的把握。根据调查结果显示，1996 年承包合同 715 件，承包金额 221 亿日元的公共工程，利用了工程完成保证人制度。但是，1997 年和 1998 年就完全没有利用这种制度。也就是说，国家一级基本上废除了工程完成保证人制度。

在地方公共团体中，1998 年收集数据显示，1413 个团体中有承包合同 471,717 份，承包合同金额 90,678 亿日元。建设省资料显示，1998 年公共工程竣工金额为 95,695 亿日元，所以获得了 94.8% 的数据。但是，更多的地方公共团体，其每一件保证类型的具体数据不足。据 1998 年的数据显示，含有具体数据的 297,524 份承包合同中运用了工程完成保证人制度的有 24,457 份，此制度的利用率为 8.2%。42,645 亿日元的承包合同金额中，利用此制度的承包合同金额为 4516 亿日元，所以此制度的利用率为 10.6%。这样可以推测出，仅仅 11% 的地方公共团体依然在运用这种制度。根据 2000 年 1 月 20 日公布的有关地方公共团体招投标合同手续的实况调查显示，1999 年 4 月完全废除此制度的地方公共团体有 2600 个，占 78.8%，部分废除的有 316 个，占 9.6%。合计共 2916 个团体，达到 88.4%，所以可以看出承包合同件数和金额的发展趋势是一致的。和 1996 年 9 年相比，在承包合同件数方面分别是 43.4%、18.9%，在承包合同金额方面分别是 49.2%、19.5%，运用工程完成保证人制度的大幅度减少。而且，1999 年和 2000 年，废除工程完成保证人制度的地方公共团体分别为 180 个和 100 个，总计 280 个，以1413 个团体为总参数来看，预计还会减少 5%。另一方面，300 个团体的废除时间未定，还存在着有 5% 的团体继续利用此制度的问题。再者，这些地方团体有意要维持现有制度，自治省或者县在了解了存在的问题后，为了能尽早实行新履行保证制度，有必要对各个公共团体采取对策。

另外，地方公共团体在建设施工合同方面，此制度已废除，但在工程咨询合同方面，由于没有县的指导，依然存在利用工程完成保证人制度的问题。在设计等工程咨询合同方面并不是由于不能利用新履行保证制度，却让这种依然不透明的完成保证人的保证制度继续存在，这点不可否认，也不得不指出。所以应尽早采取改良措施。

2. 新履行保证制度的内容和现状

这里就新履行保证制度的具体内容，同时结合其现状的调查结果来讨论。

(1) 履行保证保险

履行保证保险是 1951 年公共工程的招投标与合同制度修订之际，作为与合同保函实质上发挥同等作用而被开发的保险险种。在这种保险中，公共工程承包合同的承包人成为投保人与财产保险公司签订履行保证保险合同。保险金额和合同保证金等额，若向发包人提交这种履行保证保险，承包人免交合同保证金。保险费从根本上说是投保人即承包人负担，但由于保险费被包含在承包合同费中，实质上承包人成了履行保证保险的受益者，被保险者也就是发包人成了保险费的最终承担者。如果由于应归责于承包人的理由，当承包合同未被履行时，也就是说当承包人不履行承包合同上的债务时，发包人有权首先向承包人要求其履行债务及索赔损失。由于承包人不履行债务，解除了承包合同，发包人因承包人不履行债务而蒙受损失，可向保险人即保险公司请求保险金，保险公司要支付保险金。通常、保险公司要估算出发包人蒙受的损失，但以履行保证保险合同上的保险金额为限，作为保险金支付给发包人。在公共工程承包合同中，预先设定了在解除合同时有关发包人损失的保险预定或者违约金规定，这样可以省去在合同解除时估算发包人损失的麻烦。在履行保证保险中，当附带着定额填补条件特别规定时，发包人受损，与实际损失额无关，保险公司按承包合同上的预定损失额或规定损失金，作为保险金来支付。未对发包人造成损害的情况，有工程完成保证人的情况下，该工程完成保证人完成了工程时以及发包人对承包人已完工部分因未付款而未造成损害的情况均是视为特殊情况。保险公司一旦给发包人支付了保险金，就相当于用保险金取代了发包人对承包人的请求权，或者，根据履行保证保险普通保险条款的债券让渡规定，保险公司接受发包人的债券让渡，向承包人要求赔偿（即保险公司取得了对承包人的代位求偿权——译者注）。(资料8)

这种履行保证保险作为金钱型的保证发挥作用，但一直以来只是发包人一部分使用。原因在于金钱型保证无法期待承包合同上的工程的完成。很多发包人认为能期待工程完成保证人来完成工程，因而愿意使用工程完成保证人制度，而不使用履行保证保险。指名竞争投标中被提名的投标者相互成为工程完成保证人这种奇特的制度逐渐固定下来。发包人通过该制度为承包人的围标给予了保持全面推进与稳固地位的力量，这是其遭到批判的原因。

废除工程保证人制度，推行新履行保证制度之际，很多发包人认为这种履行保证保险局限于金钱型保证，无法期待其保证如期完工。美国以及其他国家实行的保函制度是一种基于承包合同义务的保证制度，当承包人不履行债务时，保险公司通过代行者使其代替履行债务，是与发包人利益最一致的制度。问题是保函制度下，保证金额通常与承包合同金额等额，规定上是保证金额至少是承包金额的20%到50%。事实上，保证金额达不到承包金额的30%以上，保险公司就无望行使代替履行职责。另外，根据我国公共工程标准承包合同条款，因应归责于承包人的事由，解除合同时的违约金比如说是承包合同金额的10%，能充当此违约金的合同保证金的缴纳要同此违约金相符，同时，要合乎以往会计法的最低标准，基本上是承包合同金额的10%。受现在运用的限制，作为美国及其他国家实行的保函的代替物，开发公共工程用的履行保函，将保证金额是承包合同金额的30%这样的公共工程用的履行保函作为义务保证予以定位。而且，根据发包人的需求，当限期完成工程是必要时候，在能使用义务保证的基础上，将以往的履行保证保险作为合同保证金的免除条件予以承认。

那么，在多大程度上利用了这种履行保证保险呢？根据这次的调查，1998年国家发包公共工程中，履行保证保险的有2601件，保险金额为199亿日元，用于承包合同金额为1962亿日元。根据新履行保证制度，全部保证件数为23,426件，保证金额为2,323亿日元，承包合同金额为23,147亿日元，与此相比，履行保证保险的利用率中，件数占11.1%，保险金额占6.6%，承包金额占8.5%。因为建设省同年度国家公共工程竣工额为29,838亿日元，所以可以推测国家作为发包人采用履行保证保险的件数为3,355件，保险金额为256亿日元，承包金额为2,531亿日元。与1996年相比，件数是1.35倍，保险金额为1.53倍，承包金额为1.51倍。

其他地方公共团体发包的公共工程中，利用履行保证保险件数28,830件，保险金额530亿日元，承包合同金额5,302亿日元。根据新履行保证制度，全部保证件数为157,407件，保证金额为3,278亿日元，承包合同金额为33,080亿日元。与此相比，履行保证保险利用率中，件数占18.3%，保证金额占16.2%，承包合同金额占16.0%。另外，在保证保险方面，保险金额还不到承包合同金额的10%，但很少一部分地方公共团体在使用工程完成保证人制度的同时要求履行保证保险，因为他们的保证金额达到了5%。

就地方公共团体的保证种类进行了详细统计，承发包合同仅297,524份，合同金额仅42,645亿日元，和1998年公共工程竣工额相比，重新推测的话，履行保证保险的件数为64,579件，保证金额为1,187亿日元，承保合同金额为11,876亿日元。

另外，同1996年的数据相比，件数为4倍，保险金额为2.2倍，承保金额为2倍，可见进展顺利。

(2) 公共工程用的履行保函

20世纪70年代前半期，我国（指日本——译者注）在国外承包发电厂、水电站、隧道、化工厂等建设工程的建筑商、工程公司委托保险公司向发包人提出投标保函或者履约保函的事情接踵而至。这就是被称为 Surety Bond 的保函业务中被称为 Contract Bond 的合同保函。根据此合同保函，保险公司对债务人合同上的债务履行向债权人作出保证。保函中也有像关税担保、许可证担保＊（License and Permit Bonds）等向政府机构保证被担保人履行法律上的义务的法定担保保函。

　　随着我国工商业者在海外承包的数目不断增加，已签订各种承包合同的承包人委托我国保险公司出具这种合同担保或者法定担保保函的要求也越来越强烈。因此，1974 年 5 月保险公司就含有合同担保和法定担保的保函业务得到了大藏大臣的许可，满足了这种需求。同时，保险公司向建设省、自治省请求用新的投标保函、履约保函来代替旧的投标保证保险和履行保证保险。但是，工程完成保证人制度正被广泛利用，对这个制度的批判也不强，所以这种请求没有被采纳。

　　但是，20 世纪 90 年代随着我国（指日本——译者注）经常收支和国际贸易的增加，我国经济体制受到来自各方面的批评，说我们的经济体制是封锁的。美国和欧洲各国强烈要求不仅在贸易方面而且在服务业方面要自由化。服务方面作为国际化的一项要求，只要我国有关公共工程的制度封闭，来自外国要求开放的压力就会越来越强烈。欧洲各国在欧盟设立之初，就同时对公共工程的自由化进行了讨论，在 1992 年制定了有关公共工程的 EC 指令。而且，随着世贸组织的设立，1993 年就有关一定金额以上的公共工程引入无内外差别的一般竞争招投标的国际规则达成了一致，从 1996 年 1 月形成了"政府采购协定"并开始实行。（资料 5）

　　随着国际化的发展，对发包人来说如何确保同外国承包人之间签订的承包合同的履行成为一个大问题。作为与此相应的保证制度，ICC（国际商会）在 1975 年制定了"合同保函统一规则"，有了以此为依据的合同保证。但中东各国的发包人对此合同保证并不满意。这些国家的发包人希望如果请求履行保证债务，（担保机构）应能与债务人是否履行债务无关而支付保证金，银行保函主要是满足此项要求。但是，由于以银行为主推行的这种"见索既付保函"的法律地位不明确，很难在保证事故发生之际适用，所以在1992年的ICC制定了"承付保函的统一规则"，着力减轻银行的负担。

基于此统一规则的承付保函受到我国建筑公司、工程公司、银行、保险公司等海外贸易的相关各方的强烈反对，因为此制度存在着承包人负担过大的问题。所以，我国的有关人士率先带头在国外推行以保函的实际业务习惯为基础的新国际统一规则。这样，1994年1月制定的ICC统一规则为"合同保函统一规则"（资料3）。此规则得到了联合国为主的许多国际机构的认可，并在实施必要的制度修改。我国在修改有关公共工程投标合同制度之际，取代国际上否定的工程完成保证人制度，依据"合同保函统一规则"，对采用履行保证制度进行了讨论。

另一方面，有关公共工程的围标事件逐一被暴露，工程完成保证人制度作为围标的温床被提出来，在1993年12月召开的中央建设审议会上，建议将这种制度废除，在"履行保证制度研讨会"上经过讨论，1994年12月同样在中央建设审议会上认可了"有关公共工程的新履行保证体系"的报告书，作为引入新履行保证制度的热点，重新引入了履行保函。保险公司与此相应，开发了公共工程用的履行保函，作为以"合同保函统一规则"为基准的国际履约保函于1995年4月取得了大藏大臣的认可（资料7）。而且，与此同时修改预算、决算及会计法令，附加了提出履约保函时免除合同保证金的规定。在地方公共团体中，条例或会计、合同规则同样要引入这种规定。

公共工程用的履行保函，如上所述是合同保函的一种，是与我国公共工程现状和建筑法相一致的保证制度。若要签订承包合同，承包人要委托有交易关系的某个保险公司为其出具公共工程用的履行保函。此保证金额可由发包人自行规定。承包人对保险公司支付的保费会因保证金额、保额比例（承包合同金额和保证金的比例)、承包人的主合同债务内容、承包人的信用度、履行能力的不同而有所不同。并不是保险金额加倍,保费就加倍,而是形成依据保额比例的增加而保费递减的体系。

承包人不履行承包合同上的债务时,保险公司收到发包人提出的保证履行请求后将如何处理呢?若可望在短期内消除债务不履行行为的就利用保险公司的金融技术能力援助承包人,一般情况下,依据公共工程用的履行保函的保证条款首先考虑保证金额的全额支付。但是,保证金额对于承包合同金额比例较高的情况下略有不同。保险公司不是支付全额保证金,而是寻求代行者,就代行者能否代替承包人履行当初的工程债务进行讨论。依据同样的保证条款,进行代替履行的情况下必须向发包人获得由有关代行者的工程代行许可。代行者代行失败的情况下,与该履约保函相关联而支付金额的多少无关,保险公司支付全部保证金额,或者获得发包人的再次许可,保留工程履行,让其他代行者代行。公共工程完成后,因为保险公司要承担有关包括原承包人履行部分在内的所有工程的瑕疵保证责任,所以发包人还拥有对瑕疵保函的请求权。而且,由于某种原因未能如期完工时,保险公司要支付承包合同上规定的延误赔偿金。(资料7)

从发包人的立场出发来考虑,是接受全额保证金还是由保险公司选择代替履行呢,可能还是后者更有利吧。为此目的,保证金额要适当设定就很重要。新履行保证制度中,公共工程用的保函若保证金额为承包金额的10%,就是金钱保证,若保证金额为承包金额的30%以上就是义务保证,选择哪一个由发包人自行决定。若保证金额一下子提高到30%有困难,可提到20%,由保险公司决定是否进行代替履行,这可能是一个妥协的办法。在这次的调查中,在出具10%履行保函的情况下,保险公司选择代替履行,工程安全完工的保证案件随处可见。保险公司若接受发包人履行保证债务的请求,就会按上述方法履行保证债务。但另一方面,会按承包人出具的担保合同申请书要求其赔偿。也有的时候，保险公司在进行履行保证之际要求承包人提供反担保。这个时候在要求赔偿时可以考虑处分担保。

根据此次调查，有关国家发包的承包合同，1998 年公共工程用的履行保函有 5,423 件，保证金额为 747 亿日元，承包金额为 7,444 亿日元。据新履行保证制度，全部保证件数为 23,426 件，保证金额为 2,323 亿日元，承包合同金额为 23,147 亿日元。与此相比，公共工程用的履行保函的利用率，按件数统计为 23.1%，按保证金额统计为 32.2%，按承包合同金额统计为 32.2%。同年度建设省统计的国家公共工程竣工额为 29,838 亿日元，可以推测国家作为发包人，公共工程用的履行保函件数为 6,996 件，保证金额为 579 亿日元，承包合同金额为 9,603 亿日元。同 1996 年相比，件数、保证金额、承包合同金额均为 1.4 倍。

1998 年有关其他地方公共团体的调查数据显示，公共工程用的履行保函签发了 19,418 件，保证金额合计为 849 亿日元。而且，承包合同金额为 7,490 亿日元的承包合同也利用了履行保函。根据新履行保证制度，全部保证件数为 157,407 件，保证金额为 3,278 亿日元，合同保证金额为 33,080 亿日元。与此相比，公共工程用的履行保函的利用率，按件数统计为 12.3%，按保证金额统计为 25.9%，按合同金额统计为 22.6%。另外，在公共工程用的履行保函中，保证金额相对于承包合同金额的比例为 11.3%，就意味着履行保函不是作为义务保证加以利用，而是作为金钱保证加以利用的，显示金钱型保证占 93% 的高比例。在这次的实地调查中，就义务保证因为上级组织的说明不够充分，没有领会内容，所以感觉在实际运用中几乎没有作为义务保证而加以利用的。

根据保证种类进行了详细统计，由于承包合同件数仅有 297,524 件，承包金额仅有 42,645 亿日元，以此将 1998 年与地方公共团体有关的公共工程竣工额按 95,695 亿日元重新推测，公共工程用的履行保函可推测保证件数为 43,496 件，保证金额为 1,902 亿日元，承包合同金额为 16,778 亿日元。

与 1996 年数据相比，件数为 3.7 倍，保证金额为 3.2 倍，承包合同金额为 2.8 倍，可见进展顺利。但是，这样的承包合同件数、保证金额、承包合同金额与当初的预想还相差甚远，还称不上取得了什么成果。

(3) 预付款保证的合同保证特别条款

如前所述，1951 年制定了"有关公共工程预付款保证事业的法律"，作为进行预付款保证事业的许可者，成立了三家公司，分别是北海道建设业信用保证株式会社、东日本建设业保证株式会社、西日本建设业保证株式会社。这种预付款保证，保险公司也曾考虑将其作为合同保函的一种来经营，但建设省的宗旨是，希望保险公司在投标保证保险、合同保证保险领域提供协助，而不要参与预付款保证事业，3 家公司于是开始独占经营。从此，在建设省的大力支持下，这三家公司着实成长起来。这 3 家公司在这次引入新履行保证制度之际，向建设省提出了希望参与履行保证领域的请求。建设省从以往的情况来看，不是很积极赞同预付款担保公司的介入。如果预付款担保公司进入履行保证的范围，可想而知要继续拒绝保险公司和银行计入预付款保证范围是很困难的。但是，最终预付款保证事业公司部分参与得到了认可，原因是其他保证机构谢绝提供保证，而对于一直以来由预付款保证公司承保预付款保证的建设者来说有必要也提供履行保证。只是，预付款担保公司独占预付款保证可能会给保险公司和银行带来消极影响，应通过一定的抑制措施防止其消极影响的产生。

须付款保证公司的履行保证采取了极其特殊的方式，也就是在预付款保证合同条款中设立了"关于公共工程合同保证特别合同条款"，承包人向预付款担保公司委托预付款保证之际，同时可以委托履行保证。根据合同保证条款中附加的预付款特别合同条款，承包人在不履行债务解除合同的情况下，预付款担保公司就工程未完成部分保证返还预付款，同时按照承包合同额的 10% 作为预定损失费予以支付。

在这次的统计中，有关国家发包工程，采用预付款保证的合同保证特别合同条款的件数为 8,606 件，保证金额为 682 亿日元，承包合同金额为 6,803 亿日元。利用新履行保证制度的数据显示，保证件数为 23,426 件，保证金额为 2,323 亿日元，承保合同金额为 23,147 亿日元。与此相比，件数占 36.7%，保证金额占 29.4%，承保合同金额占 29.4%。

地方公共团体，预付款保证的合同保证特别合同条款中，件数为 68,174 件，保证金额为 1,380 亿日元，承保合同金额为 13,748 亿日元。地方公共团体的全部数据显示，件数为 157,407 件，保证金额为 3,278 亿日元，承保合同金额为 33,080 亿日元。与此相比，件数占 43.3%，保证金额占 42.1%，承包合同金额占 41.6%。

国家及地方公共团体全体的调查报告数字显示，件数为 76,780 件，保证金额为 2,062 亿日元，承包合同金额为 20,552 亿日元。占总件数的 42.5%、保证金额的 36.8%、承包合同金额的 36.5%。

据 3 家预付款担保公司统计，1996 年"有关公共工程合同保证的特别合同条款"的履行保证不仅包括国家和地方公共团体，而且包括事业团体、政府企业、地方公营公司、地方公社等合计有 114,300 件，保证金额 4,031 亿日元，承包合同金额 40,452 亿日元。1998 年，各数据分别为 225,259 件，8,092 亿日元，81,779 亿日元，均顺利地增加了 2 倍。这是预付款担保公司努力经营的结果，也体现了履行保证和预付款保证同时实施的这种制度本身所带来的使用上的便利性（资料 6）。另一方面，1998 年建设省公布了公共工程竣工额，包括事业团体、政府企业、地方公营公司、地方公社等外部团体在内达到了 166,039 亿日元。由此推测，预付款担保公司就有关包括外部团体在内的公共工程承包合同实际的 49.3% 采用了履行保证。

公共工程中，预付款制度是极为重要的制度，这也是建设者对公共工程招投标倾注精力的原因。公共工程承包人对国家和公共团体经常希望预付款制度能进一步扩充。2000年，在国家和地方公共团体中，占承包合同金额的40%的预付款得到了认可，引入了支付中间费的方法。结果，现在的状况是预付款担保公司保证公共工程承包实际金额的50%。人们认为这种预付款保证会使仅有的3家独占企业运营事实更加倍受关注。这3家公司将我国在地域上分为北海道地区、东日本地区、西日本地区，独占经营预付款保证事业。如果各地区不能从预付款担保公司获得预付款保证就不能接受预付款。对每个承包人来说，这是多么大的束缚很容易想到。地方公共团体的招投标主管官员通过预付款保证制度，同预付款担保公司的职员有密切联系，把从职员那里得到的信息作为参考进行判断。对于地方公共团体，在新履行保证制度中，决定是否免除保证的基准与是否有预付款制度相一致。也就是说，承包合同金额为小额的情况下可免除合同保证金，作为这种制度基准的下限金额同不进行预付款的承包合同下限金额是同一的。换句话说，需要提交预付款保证的情况也要提交金钱型的履行保证。地方公共团体的招投标主管官员同担保公司的关系深厚本身并没有特别的问题，通过信息交换，招投标主管官员有望就围绕公共工程环境加深进一步的理解。若出现问题，除了在地域上独占的预付款担保公司以外是无法取得预付款保证的。预付款保证不管是保险公司还是银行要按照建设者自行选择的担保公司实施方可。若只有特定的担保公司才能认可，承包人要按担保公司的意向接受支配。预付款担保公司为了听取建设者的意见在各地召开恳谈会，而这成为建设业者围标的温床，这种可能性并不是没有：即对于不参与围标的建设者不给予预付款保证。绝对不应让这样的事情发生。万一这样的情况发生了，恐怕专门的新履行保证制度不仅不能为公正的公共工程采购做贡献，反而会成为围标的温床。

(4) 银行保证

在日本，银行保证是较为熟悉的保证制度。特别是消费贷借款合同中，银行保证是仅次于母公司保证而被广泛利用的。讨论新履行保证制度之际确认银行等的意向如何。调查表明，银行准备在公共工程新履行保证制度中占有一席之地。也就是说，银行有意参与履约保函。由于保险业法律上的保函业务是保险业务，现阶段银行不能参与保函业务。但是，以银行法律上的债务保证这种地位参与履行保证是没有问题的。这样银行保证作为一种金钱型保证而被运用。(资料9)

但是，都市银行特别是大银行对于与公共工程有关的履行保证的态度与其表明的意向不同，有不可理解之处。这次的调查，对于有关以新履行保证制度为基础的保证，据说大银行没有丝毫的统计数据。没有统计数据，可以进行授信管理和适当的成本管理吗？大概银行是将作为有关公共工程金钱型保证的履行保证同消费借贷款和票据贷款一样作为一般的授信来处理，并将保费同利息和其他授信成本相比较来相对地确定。因此，以新履行保证制度为对象的统计数据对于银行未必需要。但是，这样对于利用银行保证的建设者来说发生不利事件的可能性很高。第一，如果建设者运用金钱型的银行保证，由于履行保证的保证金额使该建设者的信用额度的余额丧失，很难在该银行获得贷款。建设者用于经营的信用额度减小，因为它在有关公共工程履行保证中用尽，这样会招致危险性的后果。第二，银行保证出于利息及其他金钱型保证的原因决定其成本，对建设者来说也有有利的时候。但就最近建筑业的状况来看，由于许多建设者不能及时还贷，不可否认银行会在金钱型保证中适用高成本。这点有必要事先做好思想准备。

据这次调查数据显示，1998年与国家的公共工程有关的银行履行保证中，件数为6,451件，保证金额为680亿日元，承包金额为6,785亿日元。根据新履行保证制度，在整个有关国家公共工程的履行保证中，件数占27.5%，保证金额占29.3%，承包合同金额占 29.3%。据建设省统计，1998 年公共工程竣工额为 29,838 亿日元，用上述相同的方法推测，同年度作为国家发包公共工程的履行保证加以利用的银行保证的件数为 8,438 件，保证金额为 877 亿日元，承包合同金额为 8,753 亿日元。与 1996 年相比，件数为 1.5 倍，保证金额和承包合同金额均为 1.6 倍，顺利增加。

有关地方公共团体的公共工程，作为履行保证的银行保函中，件数为 27,950 件，保证金额为 468 亿日元，承包金额为 4,906 亿日元，在以新履行保证制度为基础的履行保函中分别占 17.8%，14.2%，14.2%。若建设省的公共工程竣工额按 95,695 亿日元推测，1998 年的银行保证件数为 80,776 件，保证金额为 1,353 亿日元，承包合同金额为 14,178 亿日元。与 1996 年相比大幅度增加，分别为 4.7 倍、2.8 倍和 2.5 倍。

3. 新履行保证制度的采用状况

这次调查的结果，明确了以下几点。第一，仍然利用工程完成保证人制度的发包人在 1997 年已经没有了。虽不利用这种制度，但新履行保证制度的履行保函也没有很好利用。在发包人看来，交纳合同保证金也就是可以免除提出履行保函。调查数据显示，1998 年国家作为发包人的承包合同件数 47,968 件中有 24,542 件免除提出合同保证金。实际上，承包合同的 51% 按会计法原则免除交纳合同保证金。从承包合同金额来看，29,893 亿日元中有 5,300 亿日元的公共工程按照新履行保证制度免除提出履行保证。免除的理由是承包合同金额在 100 万或 150 万属于小额，其次就是承包人是企业联合体。按 100 万算，25,000 件合同仅有 250 亿日元，所以大约 5,000 亿日元的承包合同的承包人因是企业联合体而免除交纳合同保证金。这样不难想像以企业联合体进行承包同工程完成保证人制度一样会有成为建设者围标温床的危险性。而且，从建筑业者的现状来看，今后企业联合体成员公司可能因各自承担连带债务而类似在工程完成保证人制度下那样出现连锁倒闭，以同样理由免除合同保证金是有问题的。企业联合体不能履行工程的情况下，想知道由谁来承担免除保证的责任。

在国家发包公共工程方面，履行保证的件数中，1998 年，预付款保证合同保证特别合同条款有 8,606 件，银行保证有 6,451件，履行保函有 5,423 件，履行保证保险有 2,601 件。保险金额方面，履行保函 747 亿日元，预付款保证合同保证特别合同条款 682亿日元，银行保证 680 亿日元，履行保证保险 199 亿日元。另外，从承包合同金额来看，履行保函 7,444 亿日元，预付款保证合同保证特别合同条款 6,803 亿日元，银行保证 6,785 亿日元，履行保证保险 1,962 亿日元。也就是说，结果预付款担保公司承保了履行保证件数的 36.7%、保证金额的 29.4%、承包合同金额的29.4%。与此相比，履行保函件数占 23.1%，保证金额占 32.2%，承包金额占 32.2%，由含有履行保证保险在内的保险公司履行的保证各件分别占 34.2%、40.8% 和 40.7%。与预付款担保公司的份额几乎是等分的。但是，约有 50 家保险公司分布各地，预付款担保公司只有 3 家，（发包人为）提高业绩应该留意。20% 的银行以地方银行为中心，而且多数银行由于地域的不同而含有信用金库和农林信用社。

在地方公共团体，预付款担保公司的比重更大。首先，从1998 年的履行保证件数来看，预付款保证合同保证特别合同条款的件数为 68,174 件，履行保证保险为 28,830 件，银行保证为27,950 件，履行保函为 19,418 件。在保证金额方面，预付款保证合同保证特别合同条款为 1,380 亿日元，履行保函为 849 亿日元，履行保证保险为 530 亿日元，银行保证为 468 亿日元。从承包合同金额来看，预付款保证合同保证特别合同条款为 13,748亿日元，履行保函为 7,490 亿日元，履行保证保险为 5,302 亿日元，银行保证为 4,906 亿日元。也就是说，预付款保证合同保证特别合同条款的件数占 43.3%，保证金额占 42.1%，承包合同金额占 41.6%。银行保证的各项分别占 17.8%、14.3% 和

14.8％。与此相比，履行保函虽件数仅占 12.3％，但保证金额占 25.9％，承包合同占 22.6％。若包括履行保证保险，保险公司件数占 30.6％，保证金额占 42.1％，承包合同金额占 38.6％。结果，在作为保证机构的角色分担上，保险公司和预付款担保公司几乎相等，银行和其他担保机构承保了剩余的 20％。

存在的问题有两个。一个是尽管很多地方公共团体利用预付款保证合同保证特别合同条款，但保证金额究竟是多少，保证内容又是什么，很多地方团体不清楚。在地方公共团体，很多情况下把同预付款保证金额等额的承包合同金额中的 20％到 30％看作保证金额。但其中也有些地方团体将全部的承包合同金额看作保证金额。遗憾的是，虽与招投标主管官员有密切关系，但其对预付款担保公司实施的履行保证的内容的理解没有丝毫的进展。

第二个问题是，地方公共团体对确保工程履行较热心，但很少运用作为可以期待工程履行的义务保证的公共工程用的履行保函。部分地方公共团体充分理解了履行保函的内容，也必要地运用了，但在件数中所占比重较小，仅有 12.3％，保证金额则占总数的 25.9％。希望地方公共团体今后能进一步理解履行保函的内容，有更多的地方公共团体运用履约保函。

4. 在保证制度上的优先位次

有关国家及地方公共团体的新履行保证制度的利用情况，如上所述，作为发包人根据履行保证种类应该制定一个什么样的优先位次呢。从结论来说，向哪个保证机构请求履行保证应该由承包人做出决定。只限在金钱保证下，作为发包人从担保公司获得的利害得失很小。对于地方公共团体，预付款担保公司为我们灵活地应付保证内容的变更，像合同保证特别合同条款附带追溯既往和允许变更保证金额等内容，所以很方便。例如，由于某种情况即使合同签约日期被推迟，为了能使合同看上去像在原定的签约日期签署的一样，就对保证日期进行事后调整；或者要变更合同金额时，就按对大家都方便的方式来调整变更日期；或者是根据工程延迟的情况反推来延长保证期限等等。这些情况都不按履行保证变更手续进行，而是以更换合同原件等方便的方法进行。这些做法都不合理，而只是办公程序上的一种牵强迎合罢了。保险公司和银行都是处在各自业务法的监督下，为了接受金融监督厅的检查，处理变更手续较为严格，也许感觉有些麻烦。但是，发包人仅仅考虑自己业务的情况，要求追溯既往合同和事后变更，有阻碍健全履行保证制度发展的危险性。采用这些牵强的措施，一旦发生问题，处理起来反而会非常困难。希望能用更加切合实际的处理方法使发包人满意。

地方公共团体根据发包人的偏好，或要求承包人利用预付款保证合同特别合同条款，或仅以银行保证作为提出金钱型保证的条件，或与此相反采取不认可预付款保证合同特别合同条款的态度。发包人的这种选择和制定优先位次也许都有各自的理由。但是，这样给承包人带来很重的负担。应该不局限于发包人的偏好，给予承包人选择最有利且廉价的履行保证方法的自由。发包人能够合理地选择保证方式的惟一例外是，对发包人来说急切希望在预期内完成工程，因此要求将义务型保证作为公共工程履行保证的条件，也就是保证金额达到承包合同金额的30％以上。这种情况下，招投标公告上应写明其要点。会计法上和地方自治法是理所当然地认可，使发包人确保在承包合同中可以采用这种方法。

5. 新履行保证制度存在的问题

这次的调查，就国家及地方公共团体对新履行保证制度的意见没有做调查，只是在实际调查的采访中收集了一些。总的来说是在很顺利地从工程完成保证人制度向新履行保证制度转型。引入新履行保证制度之际，包括最初围标的当事者在内很多的建设业者和发包人的招投标主管官员提出了反对的意见。

这些意见中很大一部分顾虑是工程完成保证人制度的废除和新履行保证制度的引入会不很容易。但是，实际操作起来比想像的要容易，向新履行保证制度的转型可以说很顺利。这不仅是建设业者，而且是建设省、自治省、地方公共团体、保险公司、预付款担保公司、银行等有关者的共同努力的结果。在调查中，发包人提出了一些新履行保证制度的问题，比如，在承包人倒闭的情况下，工程完工是否被大幅度延迟，事故处理是否不妥，中小承包人是否能从保证机构获得履行保证，这些问题想起来很让人担心。另外是程序上的问题，签署承包合同的同时，或者在中标后一周内必须提交履行保证，但也有最初由承包业者延迟提交履行保证的。今后在承包业者和保证机构双方的共同的努力下有可能会改善。实际上，据说很多地方公共团体随着时间的推移，都很顺利地利用了履行保证^⑧。这些都算不上大问题。

　　但是，从新履行保证制度的现状来看，并不是没有问题。第一，即使引入新履行保证制度，仍存在围标的严峻现状。确实，人们认为引入新履行保证制度同工程完成保证人制度存在的时代不同，保证制度促进围标这样的情况少了。但是，围标仍在进行，并没有停止抬高公共工程价格。这很大程度上是因为80％的公共工程依然在利用指名竞争性招投标制度。被指名的投标人的数量稍有增加，围标的实施就会减少。在指名招投标制度下，围标比较容易。至少发包人的招投标主管官员自身感觉这种围标是存在的，只是异口同声地主张该发包人自己实施的公共工程中没有围标。建设业者也认为，以与以往不同的方式对所有公共工程进行围标，对不参与围标者严厉处置也是困难的。尽管如此，只要指名竞争性招投标制度存在，围标就还是可以进行，围标也正如读者们通过各种报道所知道的那样在现实中进行着。

　　防止破坏围标的方法，对破坏围标的承包人，或采取阻止供给原材料的方法，或对该承包人的下属承包人不予协助等直接的方法。根据禁止垄断法，如果鼓励揭发特别是通过围标失败者内部和职员内部的揭发，人们认为可以抑制这种行为。

保证方面，由于废除工程完成保证人制度，已经很难顺利地进行围标。今后，在这个意义上，可利用的就是预付款保证制度。现在，得到建设大臣认可的预付款担保公司有 3 家，将全国分为三个区域，各自在自己的区域内实施垄断性的预付款保证，其他保证机构不得介入。这种状况对想顺利进行围标的建设业者是有利的。如果预付款担保公司被这种动向所左右，就同工程完成保证人制度一样，有被利用作为防止破坏围标的手段的危险。

第二，发包人对金钱型保证是否满意。在这次调查中，虽然实际中没有经历过保证事故的发包人很多，但就工程履行没有出现什么问题。新履行保证制度引入之际有很多反对意见。当初如果是出于全局考虑而反对的话，今后就不会出问题吧。但是，今后就保证事故的增加问题希望不要认为就是新履行保证制度自身的问题。不要认为，因仅仅依赖金钱型保证工程不能如期完成，就是保证制度自身的问题。解除承包合同的情况下，一个方法就是，为使发包人第二次能顺利地办理合同手续而下工夫，代行者在违约金范围内采取能使工程如期完成的措施。新履行保证制度导入的公共工程用履行保函正是这样一种以通过代行者顺利完成工程为目的的制度。但是，很多地方公共团体没有听取这种履行保函的充分说明，恐怕没有就此履行保证制度的灵活运用进行认真地讨论。对于不符合公共工程目的的事件及不能按时完工的事件发生，这种履行保函是极其有效的方法，所以，在期待工程早期完工的情况下，应该考虑利用义务型保证的履行保函。

第三，很多发包人的招投标主管官员没有领会履行保证制度含有很多保证机构这一优点。还有一些责任人期望保证方法是由单一保证机构实施的单一制度。确实，若是事物处理的当事者，还是单一的保证制度处理起来简单。但是，若保证机构单一化，就会有很多承包商认为只要保证机构施加压力，围标就很容易。事实上，在地方公共团体中，有很多团体担心由于指名竞争性招投标制度的广泛使用和履行保证制度的统一，是否使围标更为有效地进行了？再者，对于建筑业的问题要注意留意以往和今后的问题点，这在有关建筑业的内容中已叙述过，这里不加赘述。如果不幸预想成为现实时，继续保留现有的预付款公司大概是极其严峻的吧。

结果，如以往的范例所反映的，利用保证制度如果不发挥其作用，就是为了维持国民的重税制度。如果承包人在公共工程履行中遇到困难，发包人不是解除同他签署的合同，而是找出理由，以变更合同的方式给予援助，保证制度就真正变得图有虚名了。为了防止这种情况发生，作为保证机构的保险公司、预付款担保公司、银行、信用金库等尽量参与更多的保证机构，万一遭受损失，有必要让这些保证机构尽可能地分担。

【注释】

㊲在这次的调查中，提出了关于新履行保证制度是否有问题的问题。回答中，在 1,421 个团体中有 1,392 个团体认为此制度没有问题，其中包括对此制度没有特别评价的团体。这已达到实际的 98%。在认为有问题的回答中，认为"事故处理有不安因素"的团体最多，有 12 个；认为"由此延误工程"的有 6 个团体；认为"对预算处理方法、再次招投标很费时"的有 4 个团体，包括认为"解除手续、债务不履行认定手续很麻烦"的 3 个团体在内；有 25 个团体的意见与事故处理有关。其次，认为"获取保证的时间太长"的有 8 个团体；认为"增添了事务处理"的有 4 个团体；认为"银行保函的返还太麻烦"的有 2 个团体，总计 14 个团体提出了事务上的不利因素。也有其他个别的回答，比如"选择保险公司太麻烦"、"与追溯既往合同相适应的只有预付款担保公司"、"由于没有工程完成保证人制度，指名竞争招投标制度增加了"、"很多的保证种类显得很繁琐"等等诸如此类的意见。

第4章 公共工程合同制度的修订案

建设大臣屡次犯错误，由此，政府提出重新审视公共工程的合同制度。目前，尽可能引入和设置公共工程承包合同的事后公布和第三方监督委员会，这有利于加强公共工程合同制度的透明性和公平性。但是，没有人认为就此可以解决围标问题。笔者提议的合同制度的修订案还并不很全面，今后需要根据实际情况不断地加以改善。事物不会一下子改变的。包括参与公共工程的发包人、建设业者、预付款担保公司、保险公司在内的金融机构的状况，在各机关就职的很多公务员和职员的生活状况，政治家和收益者的状况，作为纳税者的国民的状况，以及包括我国及世界各国的状况等，都要充分地考虑，逐步推进制度的修订。

1. 设计价格的事先公开

为了增强公共工程的透明性，为了减少建设业者受贿事件的发生，事先公布设计价格是一个有效的方法，从2000年开始已经在几个地方公共团体中开始实行。在实施此制度的地方公共团体中，认为即使通过公布设计价格，承包金额也没有太多降低，因此很多招投标主管官员对其效果持否定意见。但那是理所当然的。在指名竞争性招投标制度下顺利地决出大致中标人的情况中，并不进行真正的竞争，而是照顾发包人的脸面以低于设计价格2%～5%的价格进行承包，这样的结果是当然可以想到的。尽管如此，以不正当手段获得预定价格并进行多次围标的这种状况正得到明显地改善。设计价格的事先公开尽管尚未完全做到，但是已有直接事先公开预定价格的倾向，自然会向预定价格的事先公开进一步发展。作为发包人，与其谈论预定价格的事先公开所带来的降低围标价格的比例，还不如向投标者传达此项公共工程将以这种程度的预算进行，希望投标者提案在此预定价格以下且优质的工程，并等待投标者做出反应。如果不是实施指名竞争招投标这一有助于围标的部分竞争制度，而实施真正的公开竞争招投标制度，很容易想像在价格方面，中标价格会接近现行最低线价格。已有地方公共团体将一般竞争招标的下限降低到 2,000 万日元，并以设计价格的 20%～30%的低价格签署承包合同。设计价格在实际施工的时候是不是一个很准确的价格，这是令人议论的地方，但对建设业者来说，因为有合同总价目标，所以希望减少不必要的费用，从整体上减少成本。尽管公布了设计价格，而价格并未大幅降低，这就有必要就投标制度本身进行充分讨论。不是废除事先公布制度，而是确保竞争性。

2. 中标状况的事后公布

这已经由很多主管招投标的发包人实施了。从中标结果一览表中可以看到，投标价格只有微小的差异。使人不得不想，如此微小的投标价格差异很有必要通过围标来确定。

成立第三方监督机关，若此机关发挥效力，整体把握各个承包合同的中标状况，进行比较讨论，存在的问题就比较明了化了。如果围标信息中所示的内容同公布的中标结果一致，这样的情况增多的话，对围标的监督就会加强。最近有这样的报道，大型建筑企业围标的工程对象甚至到了相当小额的公共工程，这是与整体方向背道而驰的。围标本身就是违法行为。即使是建设业者出于某种情况不得不进行围标，也希望是在限定对象之间秘密地进行。小额的公共工程应该从围标对象中排除。希望中小建设业者也认真考虑参与承包的竞争。对于发包人来说，大型建筑业者参与地方公共团体的小额工程是成问题的。

即使大建筑业者中标，结果还是无视核算强迫当地建筑者承包，由此使地方建筑业者更为艰难，因此受到指责。站在发包人的立场考虑，作为对策，应从指名建筑业者中排除大建筑业者，因此实施指名竞争性招投标制度。但这是否是妥当的对策，不能立刻下结论。随着所谓的金字塔型的支配体制的逐渐崩溃，当地建筑业者的自立能力也许会比发包人想像的要强。把那些不求中标仅求分红而单纯参与围标的建筑业者从指名竞争性招投标中排除以强化禁止代理投标，这可能是减轻当地建筑业者负担的对策。在财政体质恶化的背景下，大建筑业者财力下降，金字塔型的支配体制会逐渐崩溃，而体系中的那些考虑技术革新、改善工程作业、面向价格竞争的有实力的中小建筑业者不断崛起将是今后建筑界的趋势。以往的指名竞争性招投标已经趋于淘汰，它是以发包人所考虑的过度保护为前提的。希望发包人对灵活运用使建筑业者付出的努力的制度重视起来并加以讨论。

我们认为中标状况的事后公布对于促进增强公共工程的透明性有帮助。希望现在的政府也能考虑这方面的促进作用。再者，对已发现的围标如果实施更加严厉的惩罚的话，可以期望有助于减少围标案件。

3. 进一步促进一般竞争招投标

为了降低公共工程的承包合同金额，有必要改善工程内容和工程操作方法以推动政府进行探讨研究。但是，有必要向能够以更低价格履行工程的承包人发包工程，这是没有非议的。因为如此，呼吁尽可能使公共工程的招投标广泛参与，并努力寻求那些准备用对发包人更有利的条件签署承包合同的承包人。这在指名竞争性招投标和自由发包中不能实现，而最有希望在一般竞争性的招投标中实现。但是，很多发包人对一般竞争招投标持否定意见，理由如下：为了实施一般竞争性招投标，要求工程内容更加明确，招标公告要更加准确。这不能与现有的发包人方面的招投标主管官员的能力相适应。而且，在一般性竞争招投标中，由于对投标人的参与没有限制，承包人不能如期完成工程以及发生其他对发包人不利情况的可能性很高。另外，在一般性竞争招投标中，由于发包人对承包人未必了解，很好地处理工程完工后被发现的瑕疵有些困难。由此，工程完成时发包人必须加强检查，但缺乏（有能力）进行工程检查的技术人员。以上这些对一般性竞争招投标持否定态度的一般反对意见还是容易解决的。不得不怀疑提出这些反对意见的人们是否是在所了解情况的基础上，而不是为了反对而反对。例如，有关工程的履行，如果按照新履行保证制度的主旨提出履行保证，对建筑业者实施专门审查的保证机构因为是在对该承包业者进行了审查以后才进行履行保证，所以发包人自身不进行审查也不用担心。而且，如果特别重视在预定工期内完工的问题，或有关重要的公共工程事件和工程完工期限，以提出义务型保证而不是金钱型保证作为条件为好。如果如期完工的可能性很小，可以考虑将保证金额提高到同承包合同金额等额的制度。再者，按照瑕疵担保期间的规定，因为义务型履行保证有可能担保有关承包合同的整个工程相关的瑕疵，所以很少有必要在工程完工时进行特别严格的检查。在一般性竞争招投标公布之际，如果在该承包合同中明确提示必要的履行保证方法，投标者介入履行保证成本参与投标。实施一般性竞争招投标，不可否认会增加若干事务负担，但另一方面，会减少实施指名性竞争招投标时的无用事务。从整体来看，即使要增加若干工作人员，通过整顿将工程发包责任部门集中化等这样的体制是可以解决的。最不利的情况，如上所述，即使没有实现大幅度的经费削减，并反而增加了若干经费开支，与通过一般性竞争招投标进行发包所减少的承包合同金额相比，只是增加了极少的经费开支这种可能性很大。

由于某种原因，不能一下子实施一般竞争性招投标的发包人并不是坐等其实现。比如，某地方公共团体计划每年增加

20％的一般性竞争招投标项目，在实施的同时会考虑减少由修订招投标制度给利益相关者带来的影响。据建设省公布，在1997年4月的部长会议上，各省厅以"关于公共工程成本削减对策的行动指针"为准相互协作，继续努力[33]。从1996年开始若发包人还有余力，可以考虑并用工程希望型指名竞争性招投标、公募型指名竞争性招投标、地域限定型一般竞争性招投标等方法。

4. 指名竞争性招投标制度的废止

指名竞争性招投标制度，目前在我国占有的重要位置，这种制度也是产生以围标为代表的更多问题的根源，这是没有异议的。但是，很多人认为虽然有弊端还是有必要实施这种制度。人们为减少此制度的问题而进行着不懈的努力。这些努力主要表现为，通过指名标准的制定、公布，以及指名标准的应用规则的制定、公布，指名筛选标准的制定、公布等努力避免随意指名；设置指名委员会，向未被指名者说明未指名的理由。这是维持指名竞争性招投标制度不可欠缺的条件。

但是，只要指名竞争性招投标制度是各个工程限定的指名者之间的竞争，就不可能从根本上避免期望安全承包的业者之间的围标，以及与指名有关的政界官员的勾结。

有关公共工程合同制度存在的问题，每当暴露了围标事件或贿赂事件都要进行谈论，但众所周知，暴露的仅仅是一小部分。那么，指名竞争性招投标制度究竟存在什么问题呢？

（指名招投标制度）最大的问题是不能适当地利用国民的税金。如果可以期待税金取之不尽、用之不竭的话姑且不谈，据从大藏省了解，1998年末的财政赤字是130兆日元到780兆日元，给子孙后代留下了沉重的负担。同样是据大藏省了解，在国债等借款余额中包括政府保证债务余额在内的负债余额合计，2000年3月末达到了545兆日元。像这样背负巨额债务的日本，对公共工程进行预算时当然会有所限制。现在，政府在探讨研究：过去实施的或现在拟议中的发包项目是否真正有必要？是否有其他更加必要的项目？在进行了充分的探讨之后，虽说是必要的计划，也期望以尽可能的低价发包。但是，用指名竞争性招投标制度的投标合同方式能够期待实现吗？由于很多合同都是以几乎相同于最低投标价格签署的，有人认为现行制度很健全，但也不能忽略疑点、消除问题。

对于一般企业，除因商务关系必须向特定业者发包外，合同金额是靠竞争决定的。参与竞争者，常常会在其他竞争者预想之外，大幅度降价至低于最低限价进行投标。发包人准备向包括外国业者在内的最低价投保人进行发包。如果投标人是固定的，或是明确的，业界合作伙伴之间就可以进行围标，以便以更有利的价格进行承包。在这个意义上，如果业者作为指名业者被公布或公开了解，那围标就更容易进行。指名竞争性招投标制度作为一种主要的公共工程招投标制度，其竞争是受限制的，或者通过非价格因素的竞争很轻易地决定中标。听说，如果是健全的竞争招投标制度，就能够以低于现行招投标制度规定价格的 20％发包。也就是说现行招投标制度中，20％的税金被浪费。如果公共工程的发包额是 30 兆日元，实际有 6 兆日元被浪费。当然，这些通过建筑业者又返还到国民的手中，但即使考虑这种乘数效应，很多国民也不能接受。

以往，作为公共工程的保证制度，一般利用工程完成保证人制度。这是一种极为不可思议的制度。有竞争关系的同业者不是从其他同业者那里获取保费，而是在由于承包人破产、履行合同遇到困难的情况下，作为代替履行工程。虽说在自由社会什么都可以做，但如果没有显著的优点，就不会予以考虑竞争对手的债务保证。很容易想到，这种制度会成为围标的温床。1996 年决定废除工程完成保证人制度，还记得当时很多发包人团体强烈反对，他们认为，没有这种制度合同履行就不能确保。根据建设省的调查，在都道府县、指定城市，工程完成保证人制度已废除，但实际上还有一些团体在利用这种制度，在市町村，未废除此制度的团体还相当多。通过采访调查的地方公共团体的招投标负责人中，有些人毫不顾虑地说，工程完成保证人制度很好，没必要废除。笔者在调查中考虑到（这种说法）会产生不良影响，还是想指出这种制度存在的问题。围标成为废除此制度的一个背景问题，但围标有某种程度上的自发性，这种制度只是为围标提供了方便，但即使废除了这种制度，围标也不会消失，所以在某种程度上这一废除对于消除围标的意义不一定很大。

考虑到以往（业内）对于围标破裂所采取的强烈制裁措施，很多建筑业者不愿放弃围标的这种状况就不难理解了。但是，（它们）希望能尽快从这种状况中摆脱出来。至少工程完成保证人制度是一种促进围标的制度，因此必须尽早废除。

在现行的官僚制度下，为妥善安排退休者而有必要保留指名竞争性招投标制度，这样的想法根深蒂固。很多提前退休者并不是由于个人能力不够，而是指名竞争投标人为承包公共工程，将对这些人员的录用作为必需的经费开支，这一点很令人遗憾。建设业者招募发包人团体中提前退休的对指名具有影响力的人，这种状况看来，不难想像指名竞争性招投标制度在发包人的人事政策上很有必要。但为什么只有官员应享受优等待遇？很多惟恐因公司改制而提前退休的纳税人对此事实抱有疑问是有原因的。

为了解决公共工程合同制度存在的问题，只有废除指名招投标制度，修订一般竞争性招投标制度。但是，在修订方面，仅仅修订合同制度还不够。当然要重新审视发包人的人事政策，还有必要考虑发包人职员对业务必须精通。不尽早采取对策就会产生意想不到的后果。改善政策要切实地循序渐进地进行。早期实施的政策在今后的实施中要有灵活性。这种改善对策的内容和项目如下所述。

（1）完全废除工程完成保证人制度

对废除公共工程完成保证人制度持反对意见的地方公共团

体，认为没有此制度就不能期待工程履行。对于这些团体要建议引入义务型保证，应该尽快推动废除工程完成保证人制度。

在这里想强调一下，对于笔者所预想转型时期金钱型保证可能存在的问题，并没有被接受调查的这些向新履行保证制度转型的团体明确指出。在九州听说由于制度的转型，2000 年将不能废除工程完成保证人制度的产煤区的地域开发活动终止。

同一般建设工程有关的承包合同，包括已废除工程完成保证人制度的很多地方公共团体，在咨询服务合同方面仍然要求完成保证人制度。建设工程中有围标，但不能说与咨询服务合同有关的设计、管理等咨询服务者就没有围标，更没有人能够说这些咨询服务者没有经营问题，同业者的完成保证也没有问题。在这方面应尽早废除完成人保证制度。

今后，要以完全废除包括咨询服务合同在内的工程完成保证人制度为目标，并且对此进行调查，对于那些仍然保留这种制度的地方公共团体，有必要通过建设省和自治省施加影响力，推动这种制度的废除。

（2）采用新履行保证制度

随着工程完成保证人制度的废除，对于 1995 年建设省、自治省提议实施新履行保证制度，未实施的团体已经很少。已实施了此制度的地方公共团体，不管是发包人还是承包人、保证机构都没有出现特殊的问题，所以想建议尽早引入新履行保证制度。

另一方面，对于企业联合体，根据新履行保证制度，不要求金钱型保证和义务型保证，发包人对这种做法的妥当性要进行认真的探讨。国家发包的公共工程中，实际项目占 51.2%，承包合同金额占 18.6%，在这样的承包合同中免除履行保证，因为是企业联合体，即使成员中的一家公司破产，其他同业者将继续完成工程，所以没有什么问题。这样考虑果真合适吗？产生问题的时候，谁来承担责任？为了完成工程，建设业者以设计变更的理由向政府提出追加费用，政府提供这笔费用就是财政的浪费，这一问题目前还没能解决。对于即便是一家公司彻底完成的工程，建筑业者还是要组织企业联合体，这是为了公开进行围标，说得好听一点就是为了获得交流的机会。今后，建设业界的环境问题越来越严竣。环境恶化以后，即使建议其改变以往的方针，尽快让保证机构参与，也有不能如愿以偿的危险性。所以必须尽早让各种保证机构参与公共工程的履行保证，在初期问题很少的情况下，承包业者能够进行选择。

(3) 事先公开设计价格

承包合同一多，投标人的累计工程量就会过重。为了使之选择投标工程及参与投标变得容易，希望能将设计价格事先公开。听说，已经在公开设计价格的团体取得了投标价格降低设计价格的20%这样的成果。在事后公开投标结果的同时如果事先公开设计价格，可以希望以过低价格投标的情况会消失。

(4) 实施公募型指名竞争性招投标制度

即使一次性废除指名竞争性招投标制度很难，但引入公募型指名竞争性招投标制度较容易。至少，若是市级发包的承包合同，是否可以考虑将表决议案的1.5亿日元作为目标范围予以采用。

(5) 有效利用义务履行保证制度

利用一般竞争招投标制度的问题是，承包人可能中途放弃工程，或未能如期以预定合同金额完成工程。采访调查的时候，听到了这样一则实际的事例，发行公共工程用的履约保函的保险公司选择代替履行，使工程如期完成，尽管该保函的保证金额是合同金额的10%这样的低价率，但保险公司一旦选择由其他承包人代替履行，就不仅担保工程能如期完工，而且担保对完工时出现的问题负有责任。考虑到这些，以保证金额是承包合同金额的10%来选择代替履行还是存在问题的。即使保证金额是承包合同金额的30%，保费也达不到合同金额的0.3%。考虑到这个，作为发包人即使有在特定规则中负担保费这样的条件的限制，但根据公共工程用的履行保函，保证金额作为承包合同金额的 20% ~ 30%，请求义务型保证是很合理的。不难理解在一般竞争性招投标中所期待的合同金额的降低与保费相比还是很高。

(6) 扩大一般竞争招投标

将一般竞争招投标引入除小额承包合同以外的承包合同，至少要引入作为议会议案的承包合同。在一般竞争招投标中，请求金钱型保证还是义务型保证是由发包人来选择。根据请求的义务型保证，实施一般竞争招投标制度，确保工程安全施工和如期完工更加容易，同时增强安全性，这点是不言而喻的。

(7) 废止指名竞争招投标制度

承包人通过指名竞争招投标制度被确定，但不能就此断定工程能确实履行。特别是在建筑业界大幅度动荡时期，只有过去的财务表和成果是不能让人放心的。保证机构有必要负责到底。若发包人要进行审查，也就是针对保证机构的保证能力吧。那也仅是同保证余额相比较的问题。如同现在预料的一样，如果建筑业界发生危险，保证机构需要有相当的实力吧。

如果按照这样的顺序废止指名竞争招投标制度，大概可以避免现在围标横行的现状吧。

5. 开放预付款担保市场

将全国按地域分割形成的 3 家建筑业保证公司承保现行的预付款保证，形成明显的地域垄断状态。1996 年的新履行保证制度下，作为预付款保证的特别合同条款在建筑业保证公司能够实施履行保证。结果，这些建筑业保证公司的保证金额保证了合同金额的 50%。这样产生了两个问题，第一个问题是，建筑业保证公司成为建筑业者围标的温床这种危险性加大了。从地域垄断的建筑业保证公司的股东、组织来看，此公司由建筑业者和发包人协作进行的运营状况一目了然。破坏围标的建筑业者要参与投标，就必须对得不到本地域的建筑业保证公司的预付款保证的这种情况做好思想准备，以及克服金融方面的不利因素。第二个问题是建筑业保证公司的实力问题。今后如果增加资本就另当别论，以现在的实力度过建筑业界的危机还是个问题。

我们知道，为了建筑业健全地发展，建筑业保证公司做了各种努力。在了解之后才敢这样说。现在，培养建设业保证公司，使其成长为健全的保证公司，在这样的环境下如果说建设业自身站在垄断的立场上固执己见，经营涣散，那么公司的将来就很令人担忧。最初的考验迫在眉睫。今后，建筑业者倒闭的增加将不得不改变建筑业保证公司的审查情况。说得过分的话敬请原谅，现在已不是能够轻而易举进行以往那种保证的时期。果真建筑业保证公司能够像其他金融机构一样进行适当的审查吗？笔者对此有些担忧，如果不幸这担忧被猜中的话，建筑业保证公司又该朝什么方向发展。为了从面临的危险中保护自身，简单的办法就是要向有助于围标的施政方针转换。如果这样做了，建筑业保证公司就会处于极其有利的地位。如果同业者破坏围标，对该业者就不出具预付款保证与履行保证。履行保证也许还可以通过其他金融机构向发包人出具，但预付款保证只能通过建筑业保证公司，特别是特定的建筑业保证公司。围标内容的知情者极少，如果没有建筑业保证公司的内部消息披露出来，就可以相当安全地保守机密。以上或许会被相关者斥责这是没有事实依据的胡乱猜测，但冷静地想一想，建筑业保证公司大概就是处于这样的立场吧。

如果从国际的观点正面就此进行探讨，结果一目了然。

所以，希望尽早废除建筑业保证公司预付款保证的垄断体制，希望同履行保证一样，建筑业保证公司、保险公司、银行等3种金融机构都参与到预付款保证领域中。

【注释】

㊳根据建设省的公布，1994年12月建设省制定了有关削减建筑费的行动计划，1997年就减少公共工程成本的对策召开部长会议进行了解，在

1997 年 4 月的部长会议上决定实施行动计划。结果，1999 年，全国各省厅、以前的公共团体合计共减少 7,677 亿日元，占 9.6%。削减政策中修改设计方法 3%，推进技术开发 1.4%，累计计算合理化 1.3%。今后希望继续努力。

⑩合同发包大概分为协议发包、指名竞争招投标、一般竞争招投标 3 种形式。

协议发包，限于合同金额少额的工程（一般在 130 万日元以下），用于灾后重建这样紧急的工程中。另一方面，一般竞争招投标制度是被会计法、地方自治法采用原则性的发包方法。但是，实际上应世贸组织的要求，按照政府公布的"有关改善公共工程的招投标合同手续的行动计划"，只是国家发包 SDR 为 450 万（7.5 亿日元），都道府及指定城市发包 SDR 为 1500 万（24.5 亿日元）以上的公共工程才采用一般竞争招投标制度。所以，几乎所有的合同都是运用指名竞争招投标进行的。国家和地方公共团体的发包额总计为大约 15 兆亿日元，几乎都是运用存在问题的指名招投标制度发包的。

当然，应该提出要去努力减少指名竞争性招投标的问题。作为更具有透明性和竞争性的招投标方式，自治省和建设省建议运用公募型指名竞争招投标制度、工程希望型指名竞争招投标制度等投标方式。根据建设省公布，1999 年，24.3 亿日元以上的合同有 23 个都道府县，8 个指定城市，41 个市町村，合计 72 个团体；10 亿日元以上的有 12 个府县，1 个指定城市，85 个市町村，合计 98 个团体；不足 10 亿日元的有 12 个县，3 个指定城市，481 个市町村，合计 496 个团体。这些团体未定金额，适当地在 268 个市町村运用一般竞争招投标制度。也就是说，都道府县、指定城市的 100%，市町村的 27% 都直接或间接地运用一般竞争招投标制度。

⑪工程希望型指名竞争招投标是在 1995 年，建设省对规模为 1 亿～2 亿的工程采取的方法，从同预想工程内容一致的注册的业者中选出 10 家或 20 家，向其发出该工程的招标通知，并要求其提供技术资料。对技术资料进行审查，通过投标合同手续运营委员会的讨论，选出指名业者，由此指名业者实施竞争投标。据建设省统计，1999 年，有 18 个都道府，2 个指定城市，153 个市町村，合计 173 个团体，占全体的 5.2%，均运用了工程希望性竞争招投标制度。

⑫公募型指名竞争招投标，是 1994 年建设省对工程手续进行指导的制度，是以规模为大概 2 亿～7.3 亿的工程作为对象的。首先，要求更广泛

的建筑业者提供简单的技术资料，审查之后，通过投标合同手续运营委员会讨论，决定指名业者。由于非指名业者也得到了通知，是一种透明度很高的制度。据建设省统计，1999 年有 44 个都道府。10 个指定城市，333 个市町村，共计 387 个团体占全体的 11.7%，均运用了公募型指名竞争招投标制度。希望继续努力。

　　㊸地域限定型一般竞争招投标，是在有关地方公共团体，如果是拥有总社、分社的建筑业者，有意参与的建筑业者全部可以参与招投标的制度。这种方式，由于参与招投标的建筑业者在总社、分社所在地受到限制，所以很难说是公正的招投标方式。但是，因为要向一般竞争招投标制度转型，作为过渡方式，例如运用不到 2 千万日元的工程在同一市町村内，不到 5 千万日元的在同一县内这样的地域限定型一般竞争招投标，如果 5 千万以上的工程，运用无限制的一般竞争招投标制度，那么就有可能在允许的范围内运用。

第 5 章　政府采购制度修订案

如上所述，2000 年 1 月颁布实施的"政府采购协定"，其实施对象不仅仅是公共工程。而且，有围标和行贿受贿的问题也不仅仅是公共工程。很早以前的 Lockheed 事件和富士重工业事件仍令笔者记忆犹新。国际自由化的要求也并不仅仅限于公共工程。这次调查中，受时间限制，没有把有关公共团体公社、第三部门发包的公共工程作为对象。据建设省统计，1999 年度公共工程竣工额为 153,723 亿日元，这其中，国家及地方公共团体发包的公共工程为 116,627 亿日元。其他 37,096 亿日元为公共团体、企事业团体、政府团体、地方国营企业、地方公社等发包的公共工程开工额。就有关这些问题，与以上第四章"公共工程合同制度的修订案"的内容基本一致。但是，1999 年度政府预算的 82 兆日元中，国债 20 兆，养老金及社会保障关系费合计 19 兆，地方财政费 14 兆，包含特别会计人事费在内的人事费 9 兆。除去这些实质性费用之后再扣除国家及与国家有关的各机关发包的公共工程费 15 兆日元为政府采购的物资费。就有关公共工程以外的政府采购制度，上述修订案是否已足够了呢？最后就以对政府采购总体提出修改方案作为结束。

1. 事先公布预算

在进行政府采购的主要政府机关和地方公共团体中，同公共工程一样，在那些依据会计法、地方自治法及相关政令、条例、法规而采购的货物和服务前一定要采取预算措施。对于单个的采购议案，给予各自招投标主管官员某种程度的预算范围。

有意向参与投标的业者不仅关心承包的内容、条件，更关心的是发包人的预算。若预算适当，就会为获取承包做最大的努力。而且，在预算很低、不太适当，就放弃参与投标，可能的话，还可以提案要求变更承包的内容和条件。但是，预定价格不事先公开的话，这些就不可能的。采购议案决定了承包人有时也受到限制。这个时候，若预定价格事先公开，承包人就有可能在预定价格范围内抬高投标价格。但是，在投标不仅对我国的工商业者也对国际上公开的情况下，这种担忧就微乎其微了。从国际上来看，生产同种产品的生产者有很多，采购同种产品的方法是多种多样的。所以，预定价格在一般公开竞争型招投标中，对于投标价格最终只是一个参考价格。如果预定价格不事先公开，工商业者设法获得预定价格信息后就比其他工商业者处于有利的地位。与获取信息有关，从发包人的最高负责人到招投标主管官员就有被行贿受贿的危险。除去由于某种原因被特定的特殊情况之外承包人都希望预定价格能在招标公告之时事先公布。若事先公布了，就不必为了获取信息而进行活动，更能够确保透明、公平的投标。而且，如上所述如果进行公开竞争性投标，即使事先公布了预算，只要确保了竞争性，对发包人来说没有什么坏处。如果可能的话，投标者还可以在预定价格范围内提供的产品和服务内容的变更以及其他条件的变更，希望在投标之际予以认可。因此可以期待着承包人利用自己的专业知识，提出在既不损害承包人的利益，对发包人也更为有利的条件下可以签订合同的建设性议案。

2. 全面采用一般竞争招投标

并非笔者个人的统计数据，同公共工程的发包一样，我国政府对特定业者进行协议发包和采用指名竞争招投标制度进行的相当多。结果，在政府采购领域，像公正交易委员会出示的数据一样，多数业界都进行了围标。这种围标的日常化使围标当事者因围标而产生的犯罪意识非常淡漠。常常，报纸上曝光的围标事件仅仅是其中极少数的一部分。围标被察觉，往往是由于围标进行得不公平，产生不满的参与者及人事问题背景下的内部成员提供了有关信息及证据而被发现，可以说是不幸运的例子。发包人和相关业者也习惯了这种状况，对此进行变更的动向十分警惕。为什么不能采用一般竞争性招投标制度呢？尽管被告知指名竞争性招投标效率如何的高，弊端如何的少，但难以让人信服。

招投标主管官员所说的一般竞争性招投标程序上的繁琐与指名招投标有怎样的差别呢？而对于所谓的通过招标购进的物品的瑕疵问题与合同不履行的危险性的说法也很容易找到对应手段。上述的"政府采购协定"中规定，提供除去被作为产品的物品的购入和建设或与其相关的服务之外的其他服务的情况下，中央政府机关为 13 万 SDR（2100 万日元）以上，地方政府机关为 20 万 SDR（3200 万日元）以上，其他机关为 13 万 SDR（2100 万日元）以上的发包时，必须依照公开竞争性招投标制度进行采购。遵照该协定的宗旨，希望依照公开竞争性招投标制度而不是指名竞争性招投标制度进行采购。

3. 保证制度的完善

当然，如果实施国际惯例的公开竞争性招投标制度，什么样的业者会作为投标人出现，对于发包人是不清楚的。如果投标人中标而不签署合同，如果不利用作为合同条件的履行保证，就不得不进行最不利的再发包，这样就处于非常困难的境地。为了防止这种危险，就要严格执行现行的会计法、地方自治法的原则，让投标人对发包人提出投标价格 5％以上的保证金以作为投标条件。或者向投标者提出投标保证保险、投标保函、银行支票、备付信用证、国债等有价证券，作为代替投标保证金的灵活制度。投标者根据各自的情况来选择最适当的保证手段。一般认为在签署合同之际向发包人提出合同保证金较好。只是发包人必须讨论研究合同保证金的金额。按照会计法、地方自治法的原则是 10％以上，但这可以根据合同内容由发包人进行适当变更。如果考虑汇率的变动，价格变动在 10％是太少了。而且，保证金额增加的话，其成本会提高。考虑到承包人的信用程度，也许有必要追加保证金额的 1％的价格，作为保费等担保措施费用。像美国那样将保证金额提高到与合同金额等额是很困难的，但要求保证金额是合同金额的 30％，这样的条件是可能的，如果这样的话，很多问题就可以妥善解决。假定担保措施费用是保证金额的 1％，保证金额是合同金额的 30％，那么保费仅占合同金额的 0.3％是不成问题的。代替合同保证金的担保种类尽可能越多越好。可以考虑用履行保证保险、履行保函、银行等金融机构的履行保证，备付信用证，银行支票，国债等来担保。由于现金和有价证券有被盗的可能，给发包人的会计部门保管带来麻烦，利用像托管所这样的发包人以外的保管机构也是一种办法。其他履行保证经费可能立竿见影。在利用财产保险公司的合同保函的情况下，同公共工程用的履约保函一样，按照保证金额通过代替业者有可能履行合同。在没有像建设业那样的许可制度的领域，财产保险公司有可能自己进行代替履行，这样能够更加确保合同的履行。

而且，在合同期较长的情况下和合同金额较高的情况下，考虑引入预付款制度。和现在极低的利率不同，如果贷款利率提高，引入预付款制度可以给承包人以资金援助，所以，希望在价格方面使发包人能更容易获得有利条件。如果把向承包人提供预付款保证作为条件引入预付款制度，那么，发包人在非常时期也没有负担，这对双方来说都是有益的合同制度。作为预付款保证的保证机关，也可以考虑财产保险公司、银行等金融机构，甚至建筑业保证公司也转变为预付款公司参与预付款保证。无论如何希望我国政府可以考虑通过在政府采购制度中引入这种保证制度，努力在确保安全的同时实施国际惯例的一般竞争性招投标制度，在降低政府采购成本的同时维持公平性和透明性。

4. 改善瑕疵的方法

政府采购的产品和服务在规定日期按照合同提供给发包人，之后若发现所购产品和服务有瑕疵的话该怎么办呢？在这种情况下，多数会引发难以解决的问题。果真承包人会承认这种瑕疵是自己的责任吗？假定承包人承担责任可使该瑕疵可以得到改善吗？更为直接的是承包人会为我们降低产品和服务的价格、提供替换品、修缮瑕疵吗？就有关承包人在工期前的合同履行，能够通过让其提出合同保证金，或以合同履行为货款结算的条件等方法进行担保。但是，就交货后的瑕疵问题预计还是有些困难。所以能够考虑的办法是，合同上规定了瑕疵担保的保证期限，在这期间，将合同金额的一定金额比如 10%作为保留金由发包人保留。对于希望包括保留金在内给予全额支付的承包人，可以考虑让其提出同保留金等额的保证金额这样的财产保险公司的瑕疵担保保证保险或瑕疵保函。而且，和履行保证的情况一样，由银行等金融机构提出同保留金等额的保证金额的保留金保证与备付信用证，或暂且提供同保证金等额的银行支票、国债等有价证券作为担保。如果瑕疵保函的担保期限为 1年或者 2年，那么这种瑕疵保函和所提供的担保费用需少量金额即可。对承包人的审查同履行保证一样由保证机关负责，发包人只要留意如何尽可能得到优质的产品和服务来设定合同内容、条件即可。而且，如果为了让尽可能多的投标者参与，采取充分的公开招投标方式，给予充分的投标期限，那么就可以找到能够提供适当瑕疵保函的承包人。今后，应该改善发包人和承包人之间的依靠私人关系进行发包的态度。

第 2 部

第1章 关于公共工程承发包制度和新履行保证制度的修改

1. 修改的概要

在第1部第5章中，作者从1999年始，就有关国家和地方公共团体进行了调查，以此次调查结果为基础，就有关公共工程合同制度及保证制度有以下具体几个提案：

①事先公开设计价格

②事后公开中标情况

③进一步促进一般竞争性招投标

④废止指名竞争性招投标制度

⑤开放预付款保证制度

另外，修改案中最难以实施的是废止指名竞争性招投标制度，为了能够成功实施，具体步骤如下：

①完全废止工程完成保证人制度

②采用新履行保证制度

③事先公开设计价格

④实施公募型指名竞争性招投标制度

⑤灵活运用义务型保证

⑥扩大一般竞争性招投标

⑦废止指名竞争性招投标制度

但是，自从1996年4月引入公共工程合同制度和新履行保证制度以后，在国家和地方公共团体都没有充分认识到两种制度其内容上的巨大变化。渐渐地到了2001年开始进行修改。今后，不仅公共工程的发包，包括民间工程在内的建筑工程的发包也会大幅度下降，这已成为一个事实。修改的最大原因可能是认识到了这一事实吧。59万家建筑企业数与预想的工程量相比过多，使所有的建筑企业今后保持稳定的经营状态继续生存下去，我们国家（指日本——译者注）已经没有这样的余力了。作为政府长年实施的不景气对策，我国也没有能力扩大公共工程预算。为了使我国的经济改革能够顺利地进行，首当其冲的任务是金融机关早期识别已经不善的建筑企业，阻止不良债券的长期搁置，力图健全金融机关的财务体质。

第一、从2001年11月开始，国土交通省在以往适用于7.5亿日元以上国家发包合同的一般竞争性招投标基础上，在适用于2亿日元以上的国家发包合同中引入了详细条件审查型一般竞争性招投标，同时，将公募型指名竞争性招投标适用于2亿日元以上到1亿日元以上的国家发包合同中，将工程希望型指名竞争性招投标适用于1亿日元以上到不足1亿日元的合同中，力图扩大竞争性。这就将以往WTO政府采购协定中达成一致的范围进一步扩大了。也许只是迈出了了很小的一步，但可以看出要保持指名招投标制度的国土交通省姿态有所变化，可以看作是向完全实施一般竞争性招投标制度迈出了一步。

第二、从2001年11月开始，即使对于接受国家发包合同的企业联合体来说，同一般承包企业一样，附带有提出合同保证金的义务。就企业联合体而言，一直以来即使成员中出现倒闭的企业，以其他成员有可能继续实施工程为由，不需要提出合同保证金。由于国家大多数发包工程被企业联合体承包，就国家发包工程实质性地实施新履行保证制度持怀疑态度。由此，根据第1部的调查，1998年国家发包合同47,968项中的24,542项（51%），合同金额29,893亿日元中的5,300亿日元的合同免除了合同保证金，相当一部分的合同是企业联合体承包的合同。所以，此次修改的结果是在国家发包合同中逐渐地全面采用新履行保证制度。

　　第三、同样从 2001 年 11 月开始，在国家发包合同中合同保证金相对于承包合同金额所占比例由 10％提高到 30％。根据会计法规定，合同保证金相对于合同金额的比例是 10％以上，10％是下限。但是，在公共工程合同标准条款第 4 条的附注中，对于必要采用金钱型保证的情况，举例是 10％，在预定损害赔偿金和违约金的规定中的举例也是 10％。这样，在很多公共工程合同中合同保证金就实质性地成为合同金额的 10％了。当然，在公共工程合同标准条款第 4 条中，对于必要采用义务型保证的情况，举例是 30％，但未必是在多数公共工程中义务型保证的要求。1996 年在引入新履行保证制度之际，对提高合同保证金进行了研究讨论。当时认为，从不履行债务事故的统计来看有必要将保证金提高到 30％。但是，考虑到建筑业会对这种提高给以强烈的反对，因而放弃了。所以，此次从 10％提高到 30％，可以说是国土交通省下了很大的决心才修改的。特别是财务体制不善的建筑业背负着很大的负担，有利于促进建筑业的改组和整顿。

　　第四、从 2002 年 4 月开始，对上述保证金额提高到 30％以及对企业联合体废除了不需要提出保证金的要求给以修改，这一修改不仅只是指导国家发包工程，也可以指导特殊法人等政府机关和地方公共团体的发包工程。

　　不仅仅是这些修改，而且作者在第 1 部第 4 章中提到的修改内容也在国家和地方公共团体中在着实运用着。可以参考后面的实施状况的统计等来进行讨论。

2. 事先公开预定价格

　　在第 1 部第 4 章 "事先公开设计价格" 中，对为什么有必要事先公开设计价格给以了说明。在指名企业进行谈判的时候，该企业是否了解预定价格成为决定中标预定者的重要因素，为此，不仅局限于被揭发事件，为了秘密探听到预定价格而行贿受贿事件接连不断的发生。作者认为，在几乎大多数被围标的公共工程中，预定价格会事先被暴露。由此，中标价格相对于预定价格比例要等同于同一个发包人所有合同的平均98%或99%，一般来说是可能实现的。因为上限是100%，中标价格与预定价格相比仅低1%或2%。如果假设有10家以上的招投标企业，若是研究讨论一下投标者的招投标价格及同其他招投标的价格差，就应该能够合理推断出是否存在围标，以及预定价格是否被泄露。

总之，由于事先公布预定价格，导致行贿受贿事件发生的原因之一被排除了。已经在积极地致力于采购制度改革的地方自治体正在努力实施事先公布预定价格。2001年，包括试行地区在内的47个都道府县中的39个，12个指定城市中的10个，总共有66%的地方公共团体在事先公布预定价格方面下大力度狠抓，目前还没有出现问题。而且，在可能进行调查的3,229个市区町村中的1,360个和42%的地方公共团体正在实施或者打算实施事先公布预定价格。（注2）但现在，比较容易进行围标的指名竞争性招投标制度依然存在，基于这种现状，预计实施事先公布预定价格的效果不是很明显。尽管如此，希望没有下决心实施的国家、政府机关、地方公共团体尽快迅速地下决心实施。

3. 全面采用一般竞争性招投标

如何及用什么样的先后步骤引入一般竞争型招投标，使指名竞争性招投标能够向一般竞争性招投标过渡和得到改善呢？关于这一点在第1部第4章的第4点"废除指名竞争性招投标制度"中已明示，以下按照这种步骤，纵览现状。

第1，完全废除工程完成保证人制度。这一点，根据国土交通省2001年的调查，都道府县、指定城市的100%废除了工程完成保证人制度。其他的市区町村中有4.8%以及特殊法人中有一家企业还没有废除工程完成保证人制度的计划。（注3）所以，从作者的调查时点开始，工程完成保证人制度并没有得到充分的改善。这不能不称之为问题。对于未实施的地方公共团体和特殊法人，有必要公布其实际名称并向国民明确其不废除的理由。希望总务省和国土交通省认真听取理由，给以适当的指导。当然，必须遵守地方自治体的原则，但力图姑息保存围标体制而挥霍浪费国民和居民的血汗钱（税金）是不可饶恕的。总之一句话，完全废止工程完成保证人制度除去一些例外，可以说已经实现了。今后，若出现伺机恢复此制度，力图恢复原有的畅通无阻的围标体制的势头，有必要加强监督，防患于未然。

　　第 2，采用新履行保证制度。关于这一点，不仅成为依然使用工程完成保证人制度的发包人的问题，而且也是自行随意免除会计法上规定的必要合同保证金的发包人的问题。国家发包工程中以往对企业联合体免除了合同保证金和代行担保、保证。但是，如上所述，2001 年 11 月开始已经废止了这种免除。由于这一措施，可以说情况有了一定的改善。目前，国家对于 100 万日元以下的小额合同免除合同保证金。一般认为，这是必要的措施，但如果真是这样，就没有理由对这些合同的发包实施指名竞争性招投标，因为不这样调整就不能降低实施指名审查的成本。地方公共团体和国家一样，广泛实施免除合同保证金的制度，另一方面，又为实施指名审查背负了庞大的成本。若考虑经济性，废止容易以高成本签署合同的指名竞争性招投标不是很合理吗？

　　第 3，事先公布设计价格。如果担心存在围标会导致中标价格上涨，因而很难事先公布预定价格的话，至少考虑一下事先公布设计价格这样的提案。招投标双方因计算工作量所带来的成本整体上很高，希望这种负担的减轻可以整体上降低中标价格。而且，同事先公布预定价格一样，希望有防止行贿受贿事件发生的功效。建议没有实施事先公布预定价格的国家和地方公共团体实施事先公布设计价格。如上所述，事先公布预定价格已经取得了实质性的进展，事先公布设计价格也是有可能实现的。

第4，实施公募型指名竞争性招投标制度。国土交通省对于合同金额2亿日元以上但不足7.5亿日元的公共工程使用公募型指名竞争性招投标制度，从2001年11月开始对象扩大为合同金额1亿日元以上的公共工程。公募型指名竞争性招投标制度由于比较容易参与，投标人被指名的可能性很大，所以应该很受欢迎。如上所述，对于2亿日元以上的合同项目，引入了详细条件审查型一般竞争性招投标制度。一般认为，这是公募型指名竞争性招投标制度有可能发展为一般竞争性招投标制度的征兆。希望详细条件审查尽可能简略化，能够使参与竞争投标的建筑企业数有所增加。但令人遗憾的是，在市区町村，2001年的时候，事实上88.1%的地方公共团体没有实施公募型指名竞争性招投标制度，在特殊法人方面，调查的40个法人中有14个（35%）没有实施公募型指名竞争性招投标制度。（注4）

第5，灵活运用义务型保证。前面已叙述，国土交通省在国家发包公共工程上，从2001年11月开始将保证金额相对合同金额的比例由10%提高到30%。这一措施也许未必可称从金钱型保证到义务型保证保证类型的转变。但是，若此比例为30%，理所当然期待由代行者履行工程的公共工程用的履行保函会极为有效。而且，在成本方面，出色的建筑企业很清楚公共工程用的履行保函为低价。所以，可以说国土交通省的这一变更在灵活运用义务型保证方面取得了良好的效果。国土交通省还对地方自治体和政府机关引导其提高此比例。这是今后时刻关注建筑企业的改组与整顿的预防性措施，也会成为很多发包人认识义务型保证有效性的一个契机而受到欢迎。

第6，扩大一般竞争性招投标。按照WTO政府采购协定中有关公共工程方面的规定，对于国家7.5亿日元以上的合同，对于地方公共团体及政府机关22.5亿日元以上的合同，根据一般竞争性招投标要求采购。这是为了保护我国建筑企业而设置的。但是，在上述调查中明确表明地方公共团体在尽可能降低公共工程预算方面力图改革，对于这些地方公共团体未必要局限于政府的引导，例如，2,000万日元以上的公共工程使用一般竞争性招投标。而且，为了顺利实施这种一般竞争性招投标，为了防止发生围标，有些地方公共团体利用网络实施电子招投标。国家对于2亿日元以上的工程，引入了详细条件审查型竞争招投标，按其运用方法实施，可以说是一大进步。

最后，废止指名竞争性招投标制度。在指名竞争性招投标制度下，由于对指名企业进行指名审查会花费很多时间和成本，经济效益的期望值很低。倒不如说，由于某些政治或个人原因才维系了指名竞争性招投标制度。由于对这种制度的维系和不正当使用，不仅导致庞大的成本，而且以这种制度为准签署的公共工程合同金额总是高悬不下，这是无可否认的。以往，一指出围标的问题就实施临时的应对办法，大家对社会的焦点一转移实际上又会继续回到原来的状态，这种状况停止了会怎么样呢？如果，真正由于废止了指名竞争性招投标而导致出现损害国民利益的问题一定拜托通知作者。保护既得权益的问题，虽然不一定能得到满意的解决，但一般认为可以找出几个应对措施。同时，由于维系这种制度而主观上导致发生的一些问题，希望有长远的应对措施。

4. 完善保证制度

若要举出引入一般竞争性招投标时的不足之处，那就是中标企业能否按照合同书顺利履行公共工程的问题。不仅是说施工企业有没有履行工程的能力，而且还有物资、劳务能否顺利采购的问题。发包人在事先的调查中应付这些问题估计是很困难的，而且是发包人背负着庞大的经费问题。取而代之最廉价的方法是让有资本能力的第三者履行保证。新履行保证制度就是从这一观点出发而设置的。在新履行保证制度下，可以使用几个保证制度，其中，对发包人来说最方便的制度是公共工程用的履行保函。这种履行保函的保证金额如果是合同保证金额的30％以上，几乎多数的项目可望合同得到实际履行。当然，发行履行保函的财产保险公司非常关心由发包人认可的代行建筑企业履行的工程，确保优质工程的实施。而且，在公共工程用履行保函制度下，不仅对代行者的履行部分，而且对发生违约的原承包人已履行部分也实施瑕疵担保这一点也值得关注。也就是说，如果获得了公共工程用履行保函，只要使财产保险公司发挥其保证责任的作用就可以放心。在用纳税人的钱来实施公共工程方面，由于担心价廉物不美，所以很为难，因此，作为确保优质工程的手段，选定指名企业实施所谓的指名竞争性招投标对策产生了。但是，在这种指名竞争性招投标下，如果该承包人的选择有误就无法解决。另外，发包人并不是信用风险方面的专家，做出信用风险判断的负责人也不能够担保所有损害赔偿。从确保优质工程的观点出发来看，还是有效地灵活运用公共工程用履行保函是最有望的对策。一般竞争性招投标具有公平性和透明性，是最具竞争性和最有效的采购方法，为了使其发挥作用，包括瑕疵担保在内的履行保证制度是不可欠缺的。这可以说是标志着向完善保证制度迈出了一大步。希望担保公司今后为发挥这种作用更加努力。

【注释】

①所谓详细条件审查型一般竞争性招投标是指在实施的成果之上附带适当的条件进行公开募集，满足条件的企业在全部指名后使其参与招投标的方式，2001年10月26日国土交通省公布了《关于提高竞争性试行新型招投标方式》

②根据2002年9月27日国土交通大臣、总务大臣、财务大臣公布的《关于招投标合同的适当化及适当化方针措施状况的调查结果》

③同上

④同上

第2章 关于特殊法人的情况

1. 前言

第2章的内容基本上是作者从 1999 年到 2000 年间对国家和地方公共团体进行的调查结果，以及之后反映的一些情况变化。细心聪明的读者也许已发现此次调查并不是全部。也就是说，WTO 政府采购协定以中央政府和地方自治体共计 80 个（现在为 77 个）政府机关为对象。但是，这些政府机关当时是行政改革的重要对象，很难得到明确。一般认为，依赖对正在仔细讨论统一、合并、调整等问题的过程中的组织进行调查是不会得出好结果的。这种状况本质上没有变化，但也并不是原封未动地搁置在那里。所以，除去 2001 年 9 月刚出台的独立行政法人之外，对 77 个行政机关，就有关同上次一样的基本项目通过邮寄进行了调查，就有关最近的情况对 40 个政府机关进行了实地调查。有的政府机关反馈说依照其机关内部原则不得向外部提供信息。庆幸的是，包括这样的机关在内所有的政府机关都给以了回执信息。以下汇报此次调查及讨论结果。

2. 调查对象

特殊法人是分别按照个别法设立的，大致可以分成以下几类。这是按照特殊法人组织性质的不同来分类的。

总务省中将特殊法人分为公团、事业团、公库、特殊银行、金融机关、经营财团、特殊公司和其他。以下的叙述中以组织形态为基础给各个特殊法人附带识别编号。

公团中有水资源开发公团（A－1）、地域振兴整备公团（A－2）、绿资源公团（A－3）、石油公团（A－4）、日本铁道建筑公团（A－5）、新东京国际机场公团（A－6）、日本道路公团（A－7）、首都高速道路公团（A－8）、阪神高速道路公团（A－9）、本州四国联络桥公团（A－10）和城市地基整备公团（A－11）11 个公团。其中，国土交通省管辖的有 9 个公团，其他 2 个是经济产业省管辖的石油公团和农林水产省管辖的绿资源公团。另外，地域振兴整备公团由国土交通省和经济产业省共管。

事业团中有宇宙开发事业团（B－1）、科学技术振兴事业团（B－2）、环境事业团（B－3）、国际协力事业团（B－4）、日本私立学校振兴共济事业团（B－5）、社会福利医疗事业团（B－6）、社会福利事业团（B－7）、农畜产业振兴事业团（B－8）、金属矿业事业团（B－9）、中小企业综合事业团（B－10）、运输设施整备事业团（B－11）、简易保险福利事业团（B－12）和劳动福利事业团（B－13）13 个事业团。另外，由于年金福利事业团在 2001 年改为年金资金运用基金（B－7），所以本书以后就分类为年金资金运用基金。在这些事业团中，宇宙开发事业团（B－1）、科学技术振兴事业团（B－2）和日本私立学校振兴共济事业团（B－5）3 个事业团由文部科学省管辖，社会福利医疗事业团（B－6）、社会福利事业团（B－7）和劳动福利事业团（B－13）3 个事业团由厚生劳动省管辖，金属矿业事业团（B－9）和中小企业综合事业团（B－10）2 个事业团由经济产业省管辖，环境事业团（B－3）和运输设施整备事业团（B－11）由国土交通省管辖，国际协力事业团（B－4）由外务省管辖，农畜产业振兴事业团（B－8）由农林水产省管辖，简易保险福利事业团（B－12）由总务省管辖。

公库中有冲绳振兴开发金融公库（C－1）、国民生活金融公库（C－2）、农林渔业金融公库（C－3）、中小企业金融公库（C－4）、住宅金融公库（C－5）、国营企业金融公库（C－6）等 6 个公库。其中，冲绳振兴开发金融公库（C－1）由内阁政府管辖，国民生活金融公库（C－2）由财务省管辖，农林渔业金融公库（C－3）由农林水产省管辖，中小企业金融公库（C－4）由经济产业省管辖，住宅金融公库（C－5）由国土交通省管辖，国营企业金融公库（C－6）由总务省管辖。

特殊法人银行、金融机关中有国际协力银行（D－1）、日本政府投资银行（D－2）2个银行和工商会中央金库（D－3）。其中，2家银行均由财务省管辖，工商会中央金库（D－3）由经济产业省管辖。

经营财团中有帝都高速交通公团（E－1），由国土交通省管辖。

特殊公司中有日本香烟产业株式会社（F－1）、电源开发株式会社（F－2）、关西国际机场株式会社（F－3）、北海道旅客铁道株式会社（F－4）、东日本旅客铁道株式会社（F－5）、东海旅客铁道株式会社（F－6）、西日本旅客铁道株式会社（F－7）、四国旅客铁道株式会社（F－8）、九州旅客铁道株式会社（F－9）、日本货物铁道株式会社（F－10）、日本电信电话株式会社（F－11）、东日本电信电话株式会社（F－12）、西日本电信电话株式会社（F－13）等13个株式会社。其中，除去财务省管辖的日本香烟产业株式会社（F－1）、经济产业省管辖的电源开发株式会社（F－2）、总务省管辖的日本电信电话株式会社（F－11）、东日本电信电话株式会社（F－12）和西日本电信电话株式会社（F－13）之外，8个旅客铁道株式会社由国土交通省管辖。

其他的特殊法人有内阁政府管辖的北方领土问题对策协会（G－1）和国民生活中心（G－2）2个法人，总务省管辖的日本广播协会（G－3），外务省管辖的国际交流协会（G－4），文部科学省管辖的日本育英会（G－5）、日本原子力研究所（G－6）、物理化学研究所（G－7）、日本艺术文化振兴会（G－8）、日本学术振兴会（G－9）、核循环开发机构（G－10）、广播大学学圆（G－11）、日本体育学校健康中心（G－12）等8个法人，厚生劳动省管辖的社会保险医疗报酬支付基金（G－13）、日本劳动研究机构（G－14）、精神障碍者福利协会（G－15）、劳动者退休金共济机构（G－16）、雇用能力开发机构（G－17）等5个法人，农林水产省管辖的日本中央赛马会（G－18）、农林渔业团体职员共济会（G－19）、地方赛马全国协会（G－20）、农业者年金基金（G－21）等4个法人，经济产业省管辖的日本自行车振兴会（G－22）、日本贸易振兴会（G－23）、日本小型机动车振兴会（G－24）、核燃料循环开发机构（G－10）、新资源产业技术综合开发机构（G－25）等5个法人，国土交通省管辖的俺美群岛振兴开发基金（G－26）、国际观光振兴会（G－27）、（财）日本船舶振兴会（G－28）、日本劳动者住宅协会（G－29）等4个法人，环境省管辖的公害健康受害补偿预防协会（G－30）等，30个法人。另外，（财）日本船舶振兴会（G－28）现在一般作为日本财团被熟知。而且，因为2001年废除了国立教育会馆，所以在此次调查中除外，其余77个特殊法人都是此次调查的对象。

如上所述，按所管辖类别来看，国土交通省管辖的特殊法人最多，为24个；其次是经济产业省，管辖12个法人；文部科学省管辖11个法人；厚生劳动省管辖8个法人；农林水产省管辖7个法人。

按资本金额类别来看，在2000年3月末这一时点，国际协力银行（D－1）最大7.2兆日元，其次是雇用能力开发机构（G－17）4.1兆日元，中小企业综合事业团（B－10）3.1兆日元，宇宙开发事业团（B－1）2.8兆日元，核燃料循环开发机构（G－10）2.8兆日元，分别投下了巨大的资金。

按负债总计额来看，同一时点，住宅金融公库（C－5）最大76.2兆日元，其次是社会福利事业团（B－7）36.1，日本道路公团（A－7）35.6，国营企业金融公库（C－6）24.0，负债总额为346.5兆日元。

特殊法人中亏损的法人很多，其中宇宙开发事业团（B－1）最多2.3兆日元，其次为核燃料循环开发机构（G－10）2.1，社会福利事业团（B－7）1.6，社会福利医疗事业团（B－6）1.5，日本原子力研究所（G－6）1.4，雇用能力开发机构（G－17）0.9，本州四国联络桥公团（A－10）0.9，总计达到6兆日元。

这种亏损额超过资本合计的特殊法人不少，其中社会福利医疗事业团（B－6）1.5兆日元，成为最大的资本亏损公司，年金资金运用基金（B－7）0.5，农业者年金基金（G－21）0.4，本州四国联络桥公团（A－10）0.2兆日元，均成为资本亏损公司。（注1）

作为授信管理的方法，通常考察负债额中自有资本所占比例。劳动者退休金共济机构等5个资本亏损或自有资本为零的法人理所当然地存在着问题。5%以下的法人也很多，比例为5%以下的法人有国营企业金融公库（C－6）0.1%，农林渔业团体职员共济会（G－19）0.2%，日本育英会（G－5）0.4%，住宅金融公库（C－5）0.6%，社会保险医疗报酬支付基金（G－13）0.7%，水资源开发公团（A－1）和简易保险福利事业团（B－12）0.9%，日本劳动者住宅协会（G－29）1%，国民生活金融公库（C－2）2.7%，环境事业团（B－3）3.2%，冲绳振兴开发金融公库（C－1）3.3%，城市地基整备公团（A－11）3.7%，工商会中央金库（D－3）4.5%，中小企业金融公库（C－4）5%上升到14个法人。虽然各个法人有不同特点，但也不得不说这些法人的体质实在太脆弱。

3. 调查结果

此次调查及调查结果归纳整理如下。

(1) 有关特殊法人的采购制度

作为调查对象的特殊法人是了解有关 WTO 的政府采购协定，应按照这个协定进行采购。但是，特殊法人中有些法人对按照此协定采购必须采用一般竞争性招投标并对有关采购主管政府机关负有报告义务持不满态度。特别是，以东日本旅客铁道株式会社（F－5）为主的6家旅客铁道会社和民间企业一样是株式会社（相当于中国的股份公司——译者注），政府持股比例低，以此为由共同要求退出 WTO 政府采购协定的对象。这些旅客铁道会社对公布信息比较消极，在网页上除了自己积极想公布的信息项目以外，其他的信息理所当然是拒绝公布的。在调查的实际情况方面，不仅依照保守态度管理合同，而且整个采购依照协议发包进行，只向子公司或本公司的关联公司发包。对公共交通的使用者提供廉价的运费是本来应有的责任和义务，但我们没有好象意识到这种行为妨碍了这种责任和义务的履行。在现行的 WTO 政府采购协定自身运用方面，这些铁道会社通过 WTO 政府采购协定不适用于包括地下铁轨的铁道用地的建筑工程的措施回避了一般竞争性招投标。这样，在采用降低采购成本的招投标制度方面没有改善反而比较退步，令人费解。接受作者调查的有关人士认为，旅客铁道会社是株式会社，相关采购应该通过其经营判断自由进行，政府还同对其他特殊法人一样指导其采购方法并要求其提供数据信息是有问题的。这种决心和干劲是好的，但借民营化之际转把巨额负债移交到债务清算机构并动用国家资金予以清偿；再者，作为地区交通机关的垄断企业具有设定价格的能力，这些企业这样做真的合适吗？还是有些疑问。

对于这个问题，同样是国土交通省管辖，水资源开发公团（A-1）、日本铁道建筑公团（A-5）、日本道路公团（A-7）等按照国土交通省的指示正在致力于招投标制度的改革。现在正在讨论日本道路公团（A-7）、首都高速道路公团（A-8）、阪神高速道路公团（A-9）、本州四国联络桥公团（A-10）4 个公团以旧国铁的方式进行民营化改造的问题。也有这样的担心：在实现民营化之际，民营化了的公司如果想通过子公司或集团公司下的相关公司转移利益，那么通过"资产保留与债务偿还机构"进行债务偿还很难彻底进行。今后有必要进行适当的监督工作。

（2）有关采购制度的实际情况

大多数特殊法人对改善采购制度有着概念上的认识。但是，现在的状态与其说是着实地采取改善的对策，不如说是如何应对主管的政府机关的指导。关于采购制度的统计不充分，特别是有关保证制度的统计不充分。而且，采购制度的修改情况与特殊法人有着相当大的差异，既有像日本中央赛马会（G－18）这样努力在进行制度修改的法人，也有毫不关心的法人。

①一般竞争性招投标

有统计报告的特殊法人中，以合同金额做比较的话，日本体育学校健康中心（G－12）100％，国际协力事业团（B－4）97.8％，日本私立学校振兴共济事业团（B－5）88.9％，帝都高速交通公团（E－1）51.8％，总之按照一般竞争性招投标，采购超过了50％，与其他采购方法相比是最多的。

对于这个，本州四国联络桥公团（A－10）、简易保险福利事业团（B－12）、农林渔业金融公库（C－3）、中小企业金融公库（C－4）、住宅金融公库（C－5）、日本货物铁道株式会社（F－10）、日本艺术文化振兴会（G－8）、广播大学学员（G－11）、精神障碍者福利协会（G－15）、雇用能力开发机构（G－17）、农林渔业团体职员共济会（G－19）、日本小型机动车振兴会（G－24）等12个法人和6家旅客铁道株式会社在2000年度没有按照一般竞争性招投标进行采购。总体来说，一般竞争性招投标的比例在2000年度从承包金额来看停止在28％。

②指名竞争性招投标

指名竞争性招投标制度成为多数特殊法人中运用最多的招投标制度。中小企业金融公库（C－4）、住宅金融公库（C－5）、精神障碍者福利协会（G－15）3个法人按照指名竞争性招投标采购。其次农林渔业团体职员共济会（G－19）98.2％、简易保险福利事业团（B－12）91.5％、绿资源公团（A－3）81.9％、水资源开发公团（A－1）78.2％、日本艺术文化振兴会（G－8）77.3％、日本中央赛马会（G－18）61.5％，均占有很高的比例。

对于此，国际协力事业团（B－4）、社会福利医疗事业团（B－6）、日本货物铁道株式会社（F－10）、国民生活中心（G－2）、日本学术振兴会（G－9）、日木休育学校健康中心

（G－12）、农业者年金基金（G－21）、公害健康受害补偿预防协会（G－30）等8个法人在2000年度没有进行指名竞争性招投标。而且，国际交流协会（G－4）、日本私立学校振兴共济事业团（B－5）虽然实施了指名竞争性招投标，但比例很低，分别为2.8%和3.7%。整体看来，指名竞争性招投标的比例在2000年度就承包金额看达到了46.8%。可以看出同样是指名竞争性招投标，住宅金融公库（C－5）在公募型的修改上不断进步，值得关注。

③协议发包

特殊法人出现的问题多数是协议发包上的问题。日本货物铁道株式会社等12个法人协议发包比例在5成以上。其中，日本货物铁道株式会社（F－10）为100%，公害健康受害补偿预防协会（G－30）96.6%，社会福利医疗事业团（B－6）95.6%，日本小型机动车振兴会（G－24）87.5%，国际交流协会（G－4）81.4%，电源开发株式会社（F－2）78.7%，日本学术振兴会（G－9）77.5%，农业者年金基金（G－21）76.7%，本州四国联络桥公团（A－10）69.6%，国民生活中心（G－2）55.7%，广播大学学圆（G－11）55.3%以未提交统计的6家旅客铁道会社为首多数特殊法人估计也正在实施同一系列子公司或接纳退休人员的相关公司等金额的协议发包。

整体来看，协议发包的比例2000年度从承包合同金额来看达到了24.2%。

（3）有关履行保证制度

针对调查给以回答的特殊法人全部在废止完成保证人制度，这一点是明确的。这一结果很令人感兴趣，可以看出对政府主管机关的适当指导和围标问题的反对程度。一般认为向新履行保证制度过渡的路不是很顺利。有一些法人像日本私立学校振兴共济事业团（B－5）和日本学术振兴会（G－9），所有的合同均免除合同保证金，还有一些法人免除比例很高，比如帝都高速交通公团（E－1）86.4%，日本货物铁道株式会社（F－10）

81.5％。整体来看免除合同保证金的比例以承包合同金额达到49.5％。从确保合同履行这一出发点来看，这个不能不说存在很多问题。有必要对发包人与承包人之间的关系等其原因进行调查。

发包人提出的合同保证的保证种类按照特殊法人的规定有若干的相异之处，但整体来看，同国家和地方公共团体的情况没有太大的差异。

另外，2002 年 4 月按照国土交通省的指导：

a 企业联合体的情况不免除合同保证，应要求新履行保证制度的所有保证

b 保证金额从以往承包合同金额的 10％提高到 30％

确实需要实施改善对策，为建筑业的经营不善做准备了。

4. 今后的方向

关于废止工程完成保证人制度，这次的调查结果给人留下深刻印象的是特殊法人的不透明性。特殊法人中只有些法人积极配合调查，提供事业报告书、规则类别、样式类别等小册子的资料。也只有不少法人认真研究讨论招投标·合同制度、保证制度的改善对策。但是，在特殊法人中只有很少的法人能够积极地公开信息，也只有很少的法人可以看出其在特殊法人内部积极地研究讨论改善对策。不如说，更多的法人是以法人内部规定为由最小限度地公布信息，显得比较消极。这同先前国家及地方公共团体的调查情况大不相同。

这些特殊法人的采购制度保持 1996 年以前的情况较多，对于按照一般竞争性招投标降低采购价格有多大程度的关心，还是个疑问。

与其说这样，还不如说，即使抑制母公司的特殊法人的利益，也要把利益保存在子公司和集团公司的相关公司里，并期待政府对母公司的特殊法人用补助金进行维持它的经营。认为有这种倾向也许有些偏见，但还是希望迟早意识到这已经到了

无法允许的地步了。

在一般公司的商业交易中，一部分经营者进行不透明交易是可能的，但这常常会受到种种牵制。如果是一个人的个人公司就不用说了，一般企业可以说经常在监督中暴光。特殊法人的这种监督与国家和地方公共团体相比较宽松，信息是绝对不会公开的。这些法人的实际采购情况如果说是黑匣子的话就成问题了。特殊法人应该更加努力地公开信息。

现在，呼吁政府机关的民营化很久了。日本道路公团（A-7）、首都高速道路公团（A-8）、阪神高速道路公团（A-9）、本州四国联络桥公团（A-10）等4个公团在报告民营化。但是，并不是仅因为民营化就以浪费国民的血汗钱而告终，也没有必要仅通过压缩高速公路的建设来解决问题。由于交通堵塞、环境问题，在建设旁路的同时高速公路的建设也是不可欠缺的。遗憾的是，在我国（指日本——译者注），不动产价格依然很高，不像土地已经国有化的中国占用公用土地那样容易，不是仅靠建设费就能把道路建起来。

参考此次的调查结果，就有关采购方法和保证制度提以下几点建议。

（1）废止协议发包

第一，废止协议发包。正如上述调查中明确的一样，特殊法人方面协议发包为24.2%，依然处于高利用状态。列举出各种理由，比如依赖过去有工程业绩，对情况了如指掌的承包业者比较放心，有必要缩短工程期限等。但现实是，若实施竞争招投标担心以子公司或一系列相关公司的实力可能不会中标；而且，即使竞争招投标中了，也会担心中标价格方面不能确保充分的利益。但当然无望在协议发包中力图降低特殊法人的采购价格。特殊法人为了经营子公司和一系列相关公司给以适当的援助在某种程度上是可以理解的，通过协议发包进行高价采购是很容易的方法。但什么时候不改善子公司和一系列相关公司的工程能力，就没有设立它们的意义。况且，由于没有竞争能力的子公司和一系列相关公司很难进行母公司特殊法人之外的承包活动，为了在经营方面给以支援就建造不必要的设施建设，这样就有些不象话了吧。

如果没有充分的理由设立子公司或一系列相关公司就不应该设立。如果有充分的理由，在一般竞争性招投标中应该有充分的竞争力。

即使仅在最初之际想要通过协议发包支援新设立的法人的话，也应该在设立子公司和一系列相关公司之后设定一定期限，最长也不能超过 3 年。而且，以协议发包方式发包的合同金额应该控制在采购总额的 10％左右。即使子公司和一系列相关公司成为接纳退休者的企业，以此为由进行无意义的采购，以高于市场价的价格进行协议发包是绝对不许可的，这一点是不言而喻的。

（2）广泛公布招投标

第二，通过广泛地公布招投标信息募集投标人。在特殊法人中有些法人认为进行招投标没有意义，因为即使实施了一般竞争性招投标，响应的承包人很少。但是，招投标公布的方法大概是采购科在附近的广告栏上刊登概要，并且对于响应要求收费才提供有关招投标文件的复印件。

但是，很多特殊法人拥有出色的网页。按照 WTO 政府采购协定，不仅高额公共工程的公布，而且竞争招投标项目信息的公布均使用此网页，这样，就有可能大幅增加响应的企业数。响应的企业数一增加就有可能使那些愿意以低价同我们签署承包合同的企业参与到我们中间来。

招投标信息的公布，希望尽早进行。另外，可能的话，希望在招投标公布之际同时也公布中标预定价格和设计价格。当然，在预定价格和设计价格事先公布的情况下，事后不仅应该公布中标者和中标价格，而且必须公布其他投标人的名称和招投标的价格。希望能够通过公开这些信息，防止企业间的围标或以不正当方法签署承包合同的情况。

(3) 提出履行保证

第三，在国家和地方公共团体引入已采用的新履行保证制度。

很多特殊法人认为，在一般竞争性招投标的情况下，低价中标的承包企业施工时可能偷工减料，无施工能力的企业将承包合同全权仍给其他企业，使工程不能顺利完工，为此他们主张以指名竞争性招投标和协议发包来进行采购。但是，当事者明白这个主张没有充足的理由。所以无法想像合同保证金的免除比例达到49.5％。如果担心的话，希望将2001年11月开始国家引入的新履行保证制度再推进一步，将保证金额相对于承包合同金额的比例提高到30％以上。发放这种履行保函的保证公司在发放履行保函之际当然要审查承包企业的履行能力，使承包企业不履行债务的行为防患于未然。万一企业有不履行债务的行为，如果（发包人）向发放履约保函的财产保险公司提出履行债务保证的话，保险公司可使代行企业代为履行合同，或者依据未履行的债务，就发包人蒙受的损失在保证金额限度内予以金钱赔偿，这样就能履行保证债务。

(4) 引入瑕疵担保

第四，在提出合同保证金的基础上引入瑕疵担保。

在上述新履行保证制度中要求的履行保证的对象债务上加入瑕疵担保是可能的。但是，保证金没必要一定同履行保函中的保证金额等同。所以，工程完成时履行保函可返还企业，或者事先确保留有合同金额10％的保留金，万一承包企业不履行瑕疵担保债务，可以利用此保留金弥补瑕疵。当然，希望提出同履行保函等额的瑕疵担保也有办法。在瑕疵保函中发现瑕疵的时候，财产保险公司通过代行企业弥补瑕疵；或者以瑕疵保函的保证金额为限，根据瑕疵支付损害赔偿金。以上都是可选择的方法。

(5) 根据一般竞争性招投标采购

第五，以上述为前提，按照一般竞争性招投标进行采购。

　　如上所述，通过修改履行保证和瑕疵担保这样的担保制度，发包人没有必要向自身未参与招投标而被选出的企业通过协议发包或指名竞争性招投标进行采购。发包人为保费负担一点成本，让承包企业提出履行保函或瑕疵担保保函，这样就有可能按照一般竞争性招投标进行采购。这样，特殊法人按一般竞争性招投标实施采购，与以往以协议发包和指名竞争性招投标方式实施的采购相比价格极其低廉，特殊法人如果采用这种采购方式，就可期待这些特殊法人提供合理的价格服务和削减对特殊法人的补助金。

　　特殊法人受各种特别法的保护，为使特殊法人充分、圆满地履行公共责任，赋予了其各种特权。特殊法人并不应趁机利用这种特权，而应反反复复做各种努力。但是，除去特定的特殊法人外，如果考虑到对采购的补贴的情况的话，那么从调查的结果看这种努力并不是很充分。为了确保低价优质的工程，应迅速采取上述对策，希望能够看到切实的成果，就此搁笔。

【注释】

　①出自特殊法人监督机构的 65 个特殊法人负债总额一览表（2000 年 3 月 31 日至现在）

资料汇编

资料 1：

关于合同保证金的通知

平成 7 年（1995 年）6 月 16 日　自治行第 49 号
自　　自治部行政局长　至各都道府县知事

最近，随着履行保证（Performance Bond）制度的引进，我们对昭和 38 年（1963 年）12 月 10 日自治丙行发第 24 号及昭和 41 年（1966 年）3 月 24 日自治行第 30 号文件中以准则形式确定下来的"有关可以免除缴纳全部或部分保证金的几种情况的规定"做了部分修改，内容附后。特此通知。

其次，关于工程完成保证人制度，自平成 5 年（1993 年）12 月 21 日的中央建设业审议会的提案中提出废除工程完成保证人制度的建议以来，计划将于会计年度平成 8 年（1996 年）开始废除。另外，在该制度转型过渡期间的会计年度平成 7 年（1995 年），遇到由于特殊原因不得不附带工程完成保证人的情况时，希望对于该工程从被指名业者以外的有相当施工能力的业者中选定其工程完成保证人，并希望对执行过程中可能免除履行保证措施的情况（即：成为无担保）和承包人可能陷于债务不履行的的情况，以及受到实际合同违约的影响等问题仔细斟酌、慎重研究。

另，请将本通知精神传达下发贵管辖范围内的市町村（市县乡镇），并依此进行指导。

附

可以免除上缴全部或部分保证金的情况为：

1. 原 5 项改为 6 项、自 2 项至 4 项依次顺延、1 项后添加以下这一项：

2. 同合同的对方所委托的保险公司签订了工程履行保证合同之时。

摘自："新公共招投标和合同制度实务便览"投标制度问题研究会（大成出版社）

资料 2：

关于公共工程的
履行保证的通知

平成 8 年（1996 年）1 月 26 日　自治行第 6 号

自　自治部行政局行政课长 至 都道府县总务部长

关于公共工程的履行保证，平成 5 年（1993 年）12 月 21 日的中央建设业审议会的提案中提出了废除工程完成人保证制度，同年 12 月 24 日在建设部建设经济局局长、自治部行政局局长的联名通知中也作了相同内容的要求。继而，平成 7 年（1995 年）5 月 23 日中央建设业审议会发出了废除工程完成保证人制度的同时，也发出了对公共工程标准承包合同条款进行修改的劝告。

要求在各都道府县内，依据以上要点，在认真完备下列事项的执行体制的同时，作好自会计年度平成 8 年（1996 年）起，从现行的以工程完成保证人制度为中心的履行保证体系向以金钱保证为中心的新的履行保证体系转移的工作。并传达本通知精神至贵管辖范围内的市町村，还望彻底贯彻执行。

附

1．工程完成保证人制度，自会计年度平成 8 年（1996 年）起废除。

2．关于履行保证措施，原则上依据地方自治法中缴纳合同保证金的规定，但是，可以根据"有关可以免除缴纳全部或部分合同保证金的几种情况的规定（平成 7 年〔1995 年〕6 月 16 日自治行第 49 号文）"在财务规则中对能够免除缴纳合同保证金的情况进行规定，也可以依照该规定免除合同保证金和依据地方自治法施行令 167 条 16 款 2 项援用同施行令 167 条 7 款 2 项的规定，通过提供担保来代替合同保证金（缴纳现金）。

与这些情况相对应，就"可以免除合同保证金的情况"及"代替合同保证金的担保"完备相关财务规则的规定。

［参考］

（1）免除合同保证金的情况下被列为履行保证措施的有：

• 履行保证保险

• 公共工程用的履行保函

（2）代替合同保证金（缴纳现金）被列为担保措施的有：

• 有价证券等的提供

• 银行等金融机关的保证

• 预付款保证事业公司的保证

3. 履行保证措施改为以金钱保证为中心后，由于设想到当承包人陷于违约时，发包人对残留工程的发包将难于进行的情况，因此也可以要求履行义务保证。但各招标人应对此在招标制度以及该制度开始应用的时间经过充分考虑后作出判断。此时，应留意平成 7 年（1995 年）5 月 23 日的中央建设业审议会劝告中的以下要点：

（1）要求金钱型保证时，履行保证手段由承包人选择。

（2）要求义务履行型保证时，请求的公共工程履行保证书为保额比率（保险金额在合同金额中所占的比率）较高的公共工程履行保函时，应当在投标公告等中将该内容告之各参加投标人。

摘自："新公共招投标和合同制度实务便览"投标制度问题研究会（大成出版社）

资料 3:

合同保函统一规则

(国际商会 524 号出版物)

目录

前言

　　基于保险业对于产生从属性责任的合同保函的一套国际上通用的统一规则的需求，国际商会保险委员会承担起了建构国际商会合同保函统一规则的工作。

　　国际商会特别对负责构建此规则的工作委员会主席草苅耕造（日本）、主要起草人理查德·怀特（英国）和国际信用保险协会的伊维斯·帕维雷特表示感谢。国际商会还感谢工作委员会以下成员的贡献：吉安·巴斯廷（泛美担保协会）、伊科哈尔德·理斯曼（德国）、阿贝尔·马喀多·德欧里维拉（葡萄牙）、埃曼纽·雷勒特（欧洲保险委员会）、高柳一男（日本）、山崎隆彦（日本），以及国际商业管理委员会和银行技术与惯例委员会代表，拉斯·A．E．·叶尔勒（瑞典）和温弗莱德·霍尔茨瓦斯（德国）等，以及 ICC IHQ 分部主任乌姆贝尔托·德·普莱托。

序

本合同保函统一规则是由国际商会（ICC）保险委员会和 ICC 建设工程技术界代表组成的工作委员会起草。本规则作为国际上的通用条例，是针对对于作为担保对象的主合同的承包商（在本规则中定义为被担保人）产生债务不履行时迫使保证人承担保证责任的合同担保凭证。因此以下规则将被担保人因主合同所负担的责任、义务视为保护人的保证责任。

下述的 ICC 规则中适用的保函为提交给受益人的一种保证凭证，它保证就主合同下被担保人违约而向受益人支付赔款或履行该主合同债务。也就是说，在保函的担保金额的限额内，当主合同下的债务不履行发生时，无论被担保人因何种理由不履行债务，保证人都须代替被担保人向受益人确保支付赔款和履行债务。因此，适用本规则的有效保函可使得受益人通过保函上指定的国家的法院和仲裁庭的判决或仲裁而得到可靠的保证人的补偿。

适用本规则的保函中当事人之间的利害关系与 ICC 承付保函统一规则（458 号）下的保函有所不同。采用本规则有以下两个条件，一是受益人希望得到对被担保人基于主合同的合同责任的保证，二是保证人的责任仅在主合同下的债务不履行时发生。

总论

制定本规则的目的是定义在保函下产生的债务及保函申请程序，并提供简洁的制度。尽管在本统一规则中对于不正当索赔没有具体规定，当对保证人的责任产生争议时，因适用于本规则的保函具有当事人之间的债务关系从属于主合同这一特征，所以本规则当按该主合同的规定进行判断。保证人及被担保人所承担的责任，只在被担保人债务不履行时产生。至于受益人的利益，只要对被担保人的违约责任加以确认或经判决或仲裁，就可以通过保证人代替被担保人履行其债务而得到保护。以下的合同保函统一规则需在当事人明确采用才生效。本统一规则的制订成功与否就在于它在国际商务中是否被有效地使用。此外，ICC 认为推广采用此新的统一规则有助于合同保函业务的标准化运营和采用。

第1条 范围与适用

a. 本规则为"合同保函统一规则"并适用于任何声明适用于本规则的保函，或者参考了本规则而制定的保函，为此目的，保函应将本规则及其出版号列为参考文献。

b. 如果在实际建设或运营中任何一方的在保函下的责任或适用法律下的法定责任与本规则有冲突，以保函条款及适用法律为准。

第2条 定义

本规则中的术语和表述定义如下：

预付款保函：由保证人出具，确保受益人依据或为完成主合同目的而向被担保人提前支付的款项得到返还。这些款项系在被担保人执行主合同项下的施工、服务或供货之前就予以支付的款项。

受益人：为保函中的一方，保函因为保护其利益而出具。

保函：保函、担保书或由保证人为受益人的利益而出具的其他任何书面文件，保证人据此，在发生违约时：

（i）或在担保限额内就损害、补偿及其他财务救济提出的索赔请求或权利主张予以支付或满足；

（ii）或在担保限额内支付或满足索赔请求或权利主张，或由保证人自行选择履行主合同或其中任何合同责任。

以上两种情况下，保证人的责任均为主合同的从属责任。这一表述无条件地适用于预付款保函、维修保函、履约保函、保留金保函和投标保函。

担保金额： 在保函中作为保证人责任的最大累计值列出，它应依据保函项下对索赔已予支付或部分支付的金额随时进行调整、变化或扣减，之后的担保金额应是保函中列明的总金额减去每一次支付的金额。

主合同： 被担保人与受益人之间为执行施工、服务或供货而达成的书面协议。

合同责任： 在合同或标书中以条款、段落、章节、术语、条件、规定或细则等规定的任何职责、义务或要求。

违约： 指履行任何合同责任中出现本规则第7条j中所定义的违反、缺陷或失败，它引发受益人关于履约、损失、赔偿或其他财务救济的索赔权利。

责任终止日： （a）指保函中所表述的保证人担保责任到期的一个固定日期或一个事件的日期；或（b）如果这个日期没有说明，则指第4条所规定的日期。

保证人： 为被担保人出具保函的任何人。

维修保函： 确保在主合同或其相关条款已经实质性完成后对施工或货物进行维修的合同责任得到履行的保函。

履约保函： 确保合同或合同责任得到履行的保函。

人： 包括公司、法人、工厂、社团、个人或任何合法主体

被担保人： （i）（a）为与受益人缔结合同而向其提出投标书或（b）与受益人签订主合同，并（ii）为所有合同责任承担首要责任的人

保留金保函： 为受益人先于合同规定日期而向被担保人支付或退还任何款项而提供担保的保函。

投标保函： 保证受益人因投标人拒绝缔结合同或提交履约保函或与该投标相关的其他担保而蒙受的损失或损害得到赔付

的保函。

书面：包括任何经鉴定的远程传输或与之等同的经验证的电子数据交换（EDI）信息。

第3条　保函格式与保证人对受益人的责任

a. 保函需规定

（i）被担保人

（ii）受益人

（iii）保证人

（iv）主合同

（v）如果保函并不担保整个合同，则其所担保的具体合同责任或与保函相关的合同责任。

（vi）担保金额

（vii）对担保金额的扣减条款

（viii）保函的生效日期

（ix）保证人是否可以自行选择履行或执行主合同或任何合同责任

（x）失效日期

（xi）受益人、保证人和被担保人的名称、地址、电传或传真号及相关联络信息

（xii）是否适用第7条j款I项的规定，以及为第7条（索赔程序）的目的而指定的第三方的名称

（xiii）受益人、被担保人和保证人在保函项下出现的纠纷或争议的解决方法

b. 保证人对受益人在保函项下的责任从属于被担保人对受益人的合同责任，并且应基于违约才产生。主合同被认为是保函的要件之一。保证人的责任以担保金额为限。

c. 除非在主合同或保函条款中对担保金额的减额有符合第4条的规定，保证人的责任不应以部分履行合同或任何合同责任而减少或免除。

d. 对于任何违约，除并不限于保函项下的抗辩外，保证人还可以引用被担保人依据主合同或相关问题所拥有的对抗受益人的任何抗辩、救济、反诉、反索赔或其他权利，以及其他任何被担保人所拥有的免责权利。

第4条　保证人责任的免除

a. 除非保函有任何相反规定以及第 4 条 b 款的规定，失效日期应该是履行合同或相关合同责任的最后一天后的 6 个月

b. 除非保函有任何相反规定，预付款保函、维修保函、保留金保函和投标保函的失效日期：

（i）在预付款保函中，指被担保人已经完成的工程、供货、服务或以其他方式所履行的合同义务的价值依据合同之认定或以其他方式之决定已经达到或超过了担保金额的日期。

（ii）在维修担保中，以主合同规定的日期后的 6 个月，或如果主合同中没有规定终止被担保人维修责任的日期，则以主合同所适用的保修期或缺陷责任期的最后一天后的 6 个月。

（iii）在保留金保函中，合同所规定的保留金的支付、返还或解除日期后的 6 个月。

（iv）在投标保函中，招标文件中所规定的投标截止日期后的 6 个月。

c. 如果责任终止日期不是工作日则应顺延至下一个工作日。在本规则中，"工作日"指保证人的办公室日常开门办公的日子

d. 在保函责任终止日，保函应即终止，除依据保函中任何术语、条款、协议或规定、以及保函以外其他协议或适用法律而提前解除的保证人责任外，保证人的所有责任都全部解除，并且无论保函是否退还保证人。但正在进行第 7 条下的索赔的情况除外。

e. 无论第 4 条（d）款如何规定，受益人都可以退还保函，或将由受益人授权代表书面正式签署的免除保证责任的文件提交或传送给保证人的方式，而随时取消保函，无论保函及其修

订文件是否随附。

f. 保证人应立即通知被担保人有关保函项下的支付、保函的取消、撤回或免除，以及担保金额的扣减，如果被担保人还没有得到相应沟通的话。

第5条　保函的归还

依据本规则而免责的保函应即退还保证人，在保证责任免除后受益人继续持有保函本身并不赋予受益人任何权利。

第6条　合同的修订和变更以及保函的延期

a. 在担保金额以内及责任终止日前，保函对由被担保人和受益人随时修订或更改的主合同继续适用。

b. 投标保函应该仅对在生效日的特定投标招标文件所针对的工程和合同有效，并且不适用于保证责任终止日之后，也不适用于在生效日后对原招标文件有任何重大或实质性变更或修订的情况，除非保证人以第6条（c）款所规定的方式确认投标保函继续有效或对保证责任终止日予以延期。

c. 对保函的任何修订，包括并不限于对担保金额的增额或对保证责任终止日的延期，都应由受益人、被担保人和保证人的授权代表书面正式签署。

第7条　索赔的提出与索赔程序

a. 对保函的索赔应该书面并在保证责任终止日或之前提交给保证人，在保证责任终止日不得晚于保函上所列明的保证人的首要办公地点的下班时间。

b. 以被确认的远程传输、EDI、电传、以及其他传真或电子传输方式提交的索赔请求，以收到该文件的时间为送达。

c. 将索赔请求送达到保函上所列明的保证人的首要办公地点的，根据送达的证据，以送达的日期为准。

d. 以邮递方式提出的索赔，根据受益人投递的充分证据，以保证人实际收到的时间为送达。

e. 受益人以传真及其他远程传输或 EDI 方式提交索赔请求的，应该同时也邮寄一份该索赔的复件。

f. 索赔文件应包括对主合同的简述以明确所对应的主合同，并说明已经发生违约事件、该违约事件的情况、以及对支付或履行的任何要求。

g. 当收到受益人的索赔后，保证人应在合理的范围内尽早并在采取以下行动前，以书面形式通知被担保人：（a）为满足该索赔要求而做出任何支付，或（b）履行主合同或履行其合同责任中的任何部分。

h. 受益人应该，应保证人的书面请求，向保证人提供其为理赔而合理要求的进一步的信息，并应提供与主合同或其履行或其任何合同责任相关的信函或其他文件，并应允许保证人，包括其雇员、代理或代表对由被担保人执行的工程、提交的货物或服务进行检查。

i. 满足索赔请求需具备以下条件：

（i）违约事件已经发生，并且

（ii）索赔请求已经在保证责任终止日或之前以符合第 7 条（a）－（f）款所规定的方式送达。

j. 无论被担保人和受益人之间就主合同或任何合同责任的履行有任何争议或纠纷，依据以下规则可以认定违约事实成立：

（i）依据保函要求出具第三方（可以是并不限于建筑师、工程师或 ICC 的仲裁前裁决人）签署的违约证明，并提交给保证人；或

（ii）如果保函没有设定签署违约证书的第三方，则依据保证人所签署的违约证明；或

（iii）具有相应司法管辖权的法院或仲裁机构的最终判决、命令或裁定

依据（i）和（ii）签署的违约证明不限制当事人向具有相应司法管辖权的法院或仲裁机构寻求或要求解决与主合同、保函

相关的争议或纠纷，或重新调查违约证明或已支付的索赔的权利。

k. 保证人应该将依据（j）款 i 或 ii 项所签署的违约证明的复件分送被担保人和受益人。

l. 保证人应当慎重考虑任何索赔请求，如果拒绝理赔，保证人应立即将该拒绝以经确认的远程传输或其他电传、传真、电报方式或 EDI 通知受益人，并同时邮寄复件予以确认，说明拒绝理赔的依据，包括第 3 条（d）款所规定的任何抗辩或其他事项。

第 8 条　司法管辖与争议的处置

a. 适用法律应为当事人所选定适用于保函业务的国家法律，如果没有对法律选择的明确表述，则适用主合同所适用的法律，因本规则而出现与保函相关的任何争议或纠纷应依据适用法律裁决。

b. 受益人、被担保人和保证人之间或他们当中的任何两方之间出现与本规则下的保函相关的争议，除非另有协议，应最终在《国际商会调解与仲裁规则》下由依据该规则而指定的一名或数名仲裁员来解决。

c. 如果保函中排除运用此第 8 条下的仲裁条款，保函当事人之间的任何争议应由保函中所指定的国家的法院来裁决，或者，如果没有如此指定，由保证人的首要办公地或由受益人选择的出具保函的保证人的分支机构所在地的管辖法院来裁决。

资料 4：

关于改善公用事业的招投标、合同程序的行动计划

平成 6 年（1994 年）1 月 18 日

（行动计划的背景和目的）

鉴于最近围绕着国内公用事业的招投标和执行的一些状况，解决公共工程的执行及恢复国民对公共事业的信赖等问题已是燃眉之急。另外，在国际建设市场开放的背景下，美国及其他国家进入建设市场的希望已渐成事实，对我们国家而言，吸收国际的观点来制定透明的、客观的公用事业的招投标、合同程序是非常重要的。基于相关认识，政府在去年 10 月 26 日公布了"关于改善公用事业招投标及合同程序的行动计划大纲"、今年年初制定了"关于改善公用事业的招投标、合同程序的行动计划"（以下简称"行动计划"）的政策。

这期间，中央建设业审议会致力于招投标、合同制度的彻底改革，并在 1993 年的 12 月 21 日作出提交了提案（"关于公用事业相关的招投标、合同制度改革"）。

另外，新关贸总协定政府采购协定的相关交涉有了实质性的结果，自 1996 年，以世界主要国家为中心，关于包含了工程、咨询实务的服务采购，将确立新的国际规则。

今后，各招标人，依据这些新的动向努力改善公用事业的招投标、合同程序是有必要的，同时，也有必要就对外关系制定国内统一的对策。因此，政府方面整理出了作为通用指导方针的行动计划。

　　行动计划的目的是，持着确保高质量的公用事业的信念，对我国的公用事业招投标及合同程序方面进行更具透明性、客观性和竞争性的改革的同时，更为彻底的坚持内外无差别原则，使其向更易与国际接轨的方面进行改革。为此，今后，国家将在采用透明的、客观的且具竞争性的采购方式、正确评价外国企业、完备异议处理程序、防止围标等不正当行为等方面采取以下措施：

　　行动计划的实施，应在关贸总协定的规定范围内进行，以确保与我国作为缔约国所加入的现在有效或将来生效的条约规定的一致性。

　　（实施时期）

　　国家及政府相关机构，对有可能实施行动计划所规定的具体措施的会计年度平成6年（1994年）预算内的公用事业为基础，至同年度末在标准额以上的采购额，采用透明的、客观的且具竞争性的采购方式的体制进行完备。

　　国家及政府相关机构，为此已准备着手修改。

　　（具体的措施）

Ⅰ. 采用透明的、客观的且具竞争性的采购方式

1. 采购方式

　　关于工程及设计、咨询业务，采用如下吸收了国际观点的透明、客观且具竞争性的采购方式。但是，与安全保障相关的采购及紧急需要和需保守秘密的采购，可以不依照该规定。

　　（1）工程——采用一般竞争性招投标方式

　　国家（新关贸总协定政府采购协定附属书1（含注释）中表示我国的机关。以下称做"国家"）及政府相关机构（同协定附属书3（含注释）中表示我国的机关。以下称做"政府相关机构"。）的工程，对2中规定的标准额以上的采购，运用一般竞争性招投标方式进行采购。

　　（2）设计、咨询业务——引进公募型方式

　　国家及政府相关机构的公用事业的设计、咨询业务，对 2 中规定的标准额以上的采购，运用公募型方案方式或公募型竞争性投标方式进行采购。但是，在新关贸总协定政府采购协定中，我国为卖方之外的定型的单纯业务单独发包的情况除外。

2. 标准额

　　(1) 各招标人的单次标准额，以下表为准。

	(对象业务)	(标准额)
(イ) 国家	工程	450 万 SDR
	设计、咨询业务	45 万 SDR
(ロ) 政府相关机构	工程	1,500 万 SDR
	设计、咨询业务	45 万 SDR

　　(2) 标准额为招标公告或进行公示当时的每合同单位的估计价额。

　　(3) 招标人不得以规避适用行动计划的相关措施或给予特定的供给人以利益为目的订立合同或制定项目。

　　(4) 招标人不得以降低合同金额至标准额以下为目的分割采购合同，并不得采用该估算方式。

Ⅱ. 透明的、客观的且具竞争性的采购程序

1. 工程

　　(1) 建设业的许可

　　取得了土木工程业、建设工程业及设备安装工程业等建设业法律规定的必要的建设业许可 (建设业法第 2 章) 的、希望承包公用事业者可以参加采购程序。

　　(2) 采购程序

　　(イ) 采购程序概要

　　一般竞争招投标方式的基本程序流程是招标公告、希望参加竞争者提出确认资格申请书、通知确认资格结果、投标、中标及合同。自公告日至投标日期的期间至少应为 40 日 (参照附件 1—1)。但是，符合新关贸总协定政府采购协定第 11 条 3 中

规定的例外规定的情况，可以缩短该期间。

对于特殊的施工难度较高的工程，作为参加竞争的条件之一，要求事先提出该工程的相关施工计划，可以进行实施技术审查方式（施工项目审查型）的一般竞争招投标。（参照附件1—2）。

另外，招标人在每会计年度预算完成后，将该会计年度中标准额以上的采购案例的相关信息制成年度招标计划进行公布。

（口）招标公告

①招标人，应在政府公报上公告包含采购程序开始等以下的内容。但是，新关贸总协定政府采购协定在我国生效之前的期间内，代替政府公报、可以在附件2中指定的日刊业界报纸上进行公告。

工程概要（工程名称、工程场地、工程内容及工期）

对参加竞争者资格要求要件的相关事项（以经营事项审查为基础的客观评分、过去的同种工程的实绩、有相当资格、经验的技术人员的配置、不合格要件及必要时其他资格要件相关事项。属施工项目审查型的，其中再加入施工项目。）

取得投标说明书的方法及场所

参加投标的申请书及资料的提出方法及期限

可以由总承包商或分包商采购的材料和设备相关信息

投标的方法和场所以及投标书的提交期限

获取相关信息的查询窗口

对参加竞争者进行要求的资格要件作出客观且具体的公告，以使希望参加投标者能够判断自身是否符合条件。

②以下事项，使用日、英两种语言进行公告

工程名称

参加投标申请书和资料及申请书提交的期限

获取投标说明书的查询窗口

（八）投标说明书的分发

①希望参加竞争的投标人可以在公告中指定的场所获取记

载了全面和必要的信息的、能方便投标人提交有效投标书的投标说明书（具体内容是：招标公告的副本、合同样本、投标心得说明、图纸、设计明细书、及其他说明书。施工项目审查型中，需再加入施工项目制作资料）。

②投标说明书包含以下内容。

投标书受理机关的收件人地址

要求补充信息时，受理该要求的收件人地址

制作投标书或投标相关文书使用的语言

接受投标书的截止日时与其接受期间

能够出席投标发布会的人及投标发布会的时间和场所

就发包工程及必要要件做出的充分说明

支付条件

必要时，要求投标人提交经济上和技术上的要件，以及资金上的保证。

其他条件

（二）参加竞争资格

为了通过确保优质、高效的公用事业，以达到增进纳税人的利益的目的，必需在透明且客观的程序下，向可信赖的投标人招标。

①一般竞争招投标的有资格业者的注册登记

招标人，根据其希望参加公共工程投标者的申请，进行一般竞争资格业者的注册登记。并且，注册登记的有效期间为2年，随时可以注册。但是，未注册一般竞争资格业者、及与招标公告中注明的不合格要件相符者，无参加竞争资格。

②经营事项审查

招标人依据"建设业法灵活运用经营事项审查"的审查结果，对希望参加公共工程投标者的经营状况等作出客观的审查。

经营事项审查的项目为，近期内，不同种类工程的年内工程完成额、自有资金额，职员人数，经营状况，技术职员人数及营业年数等，依据经营事项审查得出的评分作为公告中的参加竞争条件之一。

公布经营事项审查的评分标准的计算方法。另外，对被通知的经营事项审查结果有异议时，可以向许可行政厅提出再审查的申请。

③个别工程相关技术条件

在一般竞争投标方式之中，为了能够判断对该工程合同是否有履行能力，对照具体的工程对每个个别工程设定了必不可缺的参加竞争资格的条件。该条件包含过去的同类工程的实绩及有相当资格和经验的技术人员的配置等，应在招标公告中客观且具体的写明了这些，以便希望参加投标者可以自行判断是否合乎标准。另外，对施工项目审查型类型，追加了提出能够表明对特殊的高难度的工程确实可以施工的施工项目的条件。

（ホ）参加竞争资格的确认

①参加竞争资格的确认，以申请书及资料提出期限日为实施基准日。

②对施工项目审查型，可以举行资料制作说明会及听证会。对这种情况，应当预先在招标公告中表明举行资料制作说明会及听证会的内容及其日期、时间、场所等。

③招标人，应当自申请书及资料提出期限日的次日起算，对普通类型在7日内，对施工项目审查型在14日内，对参加竞争资格的确认结果作出书面通知。

④对被确认为无资格参加竞争者，向其发出含有该确认理由的通知，并包含自接到通知日的次日起7日（不含行政机关的休息日）内，可以就其被确认理由要求招标人作出说明的内容。招标人，在对方提出请求时，对其无参加竞争资格的确认理由进行说明。

（ヘ）投标结果的公布

招标人在确定中标人之后，应当立即公布包含了投标经过及中标人名称的结果。

（ト）合同

与招标人制定的预定价格以下的最低价格的投标人订立合同。招标人会对显著的低投标价格进行审查，以确认其妥当性。

（チ）异议处理

对以上程序，可以根据"Ⅳ.完备异议处理程序"的规定申述异议。

2. 设计、咨询业务

（1）采购程序

（イ）采购程序的概要

公募型方案方式的基本程序流程是：公示程序开始，投标人表明意向（提出简单的技术资料），选定投标人和并发出通知，投标人提交建议书，建议书评定及授予合同。自向选定投标人发出通知日起至建议书提交日期间至少为40日（参照附件3）。但是，符合新关贸总协定政府采购协定第11条3中规定的例外规定的情况，可以缩短该期间。

（ロ）有资格业者的注册登记

必须向各招标人进行登记注册后，方可提出建议书。且，登记注册的有效期间为2年，期间内随时可以登记注册。

（八）公示程序开始

①招标人在政府公报上进行包含了开始进行采购程序等以下内容的公示。但是，新关贸总协定政府采购协定还未在我国（指日本——译者注）生效的期间内，代替政府公报，在附件2中指定的日刊业界报纸上进行公示。

业务概要（业务名称、业务内容及履行期限）

意向的表明方法及期限

建议书提出者的资格要件及其选定标准相关事项

评定建议书的评价标准相关事项

获取说明书的方法及场所

提交建议书的方法、场所及提出期限

获取相关信息的查询窗口

②对以下事项，用日、英两种语言进行公示

业务名称

意向表明的期限及建议书提交的期限

获取说明书的查询窗口

（二）分发说明书

①有意向提出建议书者，可以在公示中指定的说明书领取场所领取记载了必要、全面的和方便提交有效建议书的说明书。

②说明书包含以下内容

受理建议书的行政机关的收件人地址

要求作出信息补充时，受理该要求的收件人地址

制作建议书及相关文书使用的语言

接受建议书的最终日时及接受期间

评定建议书的评价标准

对被请求的业务及必要时关于该要件的充分说明

支付条件

必要情况下，对希望提出该建议书者进行要求的其他经济、技术和资金上的保证及其信息或文件

其他条件

（ホ）投标人的选定、通知

①招标人以公布的选定标准为基础，从提出了简单技术资料以表明意向的投标人中，选定能够提出建议书的投标人。招标人向表明了意向的投标人发出已被选定或未被选定的通知。

②向未被选定的投标人，发出含有其未被选定的理由及自通知日的次日起算 7 日（不包含行政机关的休息日）内可以就其未被选定理由请求作出说明的内容的通知。招标人，在对方提出请求时，就其未被选定理由作出说明。

（ヘ）建议书的提出

被确认为正式投标人后，应当在公示指定的日期前提出建议书。

（ト）建议书的评定

①招标人，依据公布的建议书的评价标准，从提交的建议

书中选出最优秀的建议书作为中标建议书。招标人，应对投标人作出建议书被确定中标或未中标的通知。

②向未中标的投标人说明理由，同时，并向其说明自通知日的次日起算 7 日（不包含行政机关的休息日）内，可以请求对建议书未中标的理由进行解释。招标人，在对方提出请求时，应作出说明。

③招标人和建议书中标人在预定价格的范围内进行合同谈判。

（チ）另外，当仅以价格为评标标准时，应采用本方式中的适用程序公募型竞争招投标方式。这种情况下的程序基本流程为：公示程序开始，投标人表明意向（提出简易的技术资料）、选定投标人并发出通知（投标邀请）、投标、评标及签订合同。自发出投标邀请始至投标开始的期间最少不得少于 40 日（参照附件 3）。但是，符合新关贸总协定第 11 条 3 中规定的例外规定时，可以缩短这一期间。

（リ）异议处理程序

就以上的程序，可以根据"Ⅳ. 完备异议处理程序"中的规定申诉异议。

（2）对外招标的公正化

（イ）招标人，对其职员在技术方面或业务实施上无能为力的设计、咨询业务实行对外招标。

（ロ）招标人对外国的个人、企业或研究会、协议会等任何人在接受设计、咨询、服务时，均应通过透明的程序，并支付相应的公允价格。

（ハ）招标人不得允许经确认与设计、咨询业务的委托人或与该委托人在资金、人事方面有关联的建筑企业，参加与该设计、咨询业务有关的公开招标，或承包该工程。但是，当初被一同招标的、无可替代企业的或紧急状况下的情况除外。

Ⅲ. 公正评价外国企业

在公共工程投标程序的任一方面，应无差别地对待外国企业。

评价外国企业时，虽然可以就评价项目中的不同种类工程的工程完成额、自有资金额、建筑从业人员数量及经营状况，对包括海外的至今为止的实绩的考察来作出评价，但在此基础上，为进一步吸收国际的观点、谋求彻底贯彻内外无差别原则，采取如下措施：

（1）建设部长或都道府县长，将外国企业在日本国以外所拥有的技术人员数量及营业年限作为经营审查的评价对象。其次，对技术人员数量及营业年限的认定，暂时依据由建设部长制定的个别标准进行。

（2）招标人，对就外国企业在日本国以外的过去的同种工程的实绩，有相当资格、经验的技术人员的配置等，通过向其他招标人个别征询和提出证明书等方法作为评价对象。

（3）外国企业为在本国有建筑企业子公司的经营母公司（包含分公司经营建筑业的集团企业持股公司）时，能够证明可以得到该母公司的人力上的、经济上的支援时，可以包括该母公司（分公司经营建筑业的集团公司的该集团公司）对其进行评价。

Ⅳ. 完备异议处理程序

附件4　2、中所说的人，就Ⅰ.2中所规定的标准额以上的采购，可以向第三方机构申诉。为此，目前由现行的建设采购审查委员会临时执行。

其次，本异议处理程序为暂定程序，新关贸总协定在我国生效后，当依从该协定第20条所规定的程序。关于处理程序的详细规定，参照附件4。

Ⅴ. 对围标等不正当行为的防止措施

1. 强化对围标、行贿受贿等不正当行为的监督处分

建设部长与都道府县长为谋求加强实施建筑法上的监督处分，预以平成6年（1994年）3月末为目标，制定出与违反形态

相对应的明确规定了处分内容的监督处分标准。

2. 参加竞争者的限制

自会计年度平成 6 年（1994 年）正式采用一般竞争招投标方式的同时，通过对有过不正当行为或不诚实行为的行为人的排除，以确保公正履行合同；对曾有过违反"关于禁止垄断确保公平交易的法令"（以下称作"禁止垄断法"）的违法行为的行为人，招标人对其采取限制参加竞争的措施。

3. 制定公共投标指导方针的政策

公正交易委员会，为谋求彻底防止公共工程投标中的围标行为，将制定新的"公共投标指导方针"（暂用名），这一指导方针将就与禁止垄断法之间的关系，以包含了公共工程、物品采购等与公共投标相关的企业及企事业团体的活动作为调整对象为基本指导思想，同时例举具体的实例，并对"原则上构成违反的行为""有可能构成违反的行为""原则上不构成违反的行为"进行分类提示的指导性政策。我们将在本会计年度尽最快的速度制定出草案并予以公布，之后，采纳方方面面的意见进一步研究、讨论，以期今年夏天能够最终制定完成。本指导方针出台的同时，废除现行的"建设业指导方针"。

4. 严格运用禁止垄断法

公正交易委员会，持续深入地，在所有产业范围内，对投标中的围标行为严格适用禁止垄断法的同时，在接到有关提供围标的相关信息时，对信息内容及其可信度作相应的恰当处理，并且，公正交易委员会在采取劝告和交付课征金等法律手段之后，对包括了违反行为人的姓名、违反形态及违反相关状况等措施的内容进行公告。除某些例外情况，对警告也一律进行公布。

5. 通过招标人与公正交易委员会的紧密合作

（1）完备围标信息处理系统

招标人，在认为有围标嫌疑行为时，可以利用向公正交易委员会通知等的程序，并随时查阅相关信息。另一方面，公正交易委员会与招标人谋求进一步活用"关于公共投标与公正交易委员会的联络执行官会议"。

（2）研修项目

招标人实施研修项目，以达到公正采购目的。

公正交易委员会，从防止围标行为、促进公正自由的竞争的观点，对此予以支持。

6. 确保公正投标

（1）记入投标书

招标人，要求投标人在投标书中说明对不得进行与禁止垄断法等法律相抵触的行为的认识，并承诺及其不进行该抵触行为，并对此内容做确切记载。

（2）损害赔偿的请求

在有围标金钱交易等情况下，并可以确定其损害金额时，招标人可以依据民法等，对该企业的不正当行为所造成的后果，就其被损害金额请求赔偿。

Ⅵ. 改善采购程序的其他相关措施

1. 使用公正的技术方案

（1）招标人对包含有意向参与的外国企业的采购程序，不得使用或制作对外国企业不利的技术方案。

（2）招标人在使用或制作技术方案之际，在合理范围内照如下规定

（イ）不以式样、外观特征，以性能为标准。

（ロ）依照国际规格、国内强制规格、经确认的国内任意规格或建筑标准法规。

（3）招标人，在合理的情况下，关于材料的技术方案应使用国内规格或等同于该规格的材料。

（4）招标人在对技术方案的适合性进行判断时，无特殊原因，对待被普遍承认的外国考核数据及国外使用实绩等同于日本的考核数据及日本国内的使用实绩。招标人不承认外国考核数据为同等考核数据时，如果有具体的利害关系采购程序参加

者进行查询时，招标人应在中标之前通过书面形式对该特殊理由作出说明。

（5）招标人，在使用或制作个别采购技术方案之际，不得要求采购程序参加者或与其有关联的公司、子公司进行会对其他希望参加采购程序者构成不利的协助。

2. 改善工程中企业联合体制度

（1）为了排除招致仅仅为了分配承包机会而组建企业联合体这样的滥用企业联合体的行为，应更为彻底地执行单体招标原则。

其次，企业联合体，是指数个建筑企业共同接受一个建筑工程的招标，为完成施工而组成的事业联合体，其所有构成人员作为招标人的合同对方，拥有直接的法律上的地位。招标人就个别工程与其他的建筑企业和其下属单位及有其他合作关系的单位签有单独合同时，并非这里所说的被单体招标原则所排除的企业联合体。

（2）工程采购中，即使在由于工程规模及技术要求的需要，可以对联合企业体进行招标时，若有能够单独进行施工的建筑企业，应当邀请该企业投标。

3. 改善规定标准额以下的采购方式

国家或政府相关机关在进行标准额以下的公共工程采购时，在法律的限制范围内，采用怎样的采购方式，基本上由招标人自由选择决定。在进行实际选择时，应当在灵活运用指名竞争方式中的同时大幅度地运用更具透明性、客观性及竞争性的措施。

4. 信息发布

（1）招标人对于有关该采购的信息发布，应当无差别的对待外国企业。

（2）国家及政府相关机构，应设置附件 5 所要求的查询窗口，提供有关行动计划所规定的措施的实施情况的信息。

5. 分包采购

在分包采购中，对向有竞争力的企业（含外国企业）采购的申请，政府希望能够加以认真考虑。

招标人，对属于行动计划措施对象的工程采购，对由总承包商或分包商采购的主要物资器材的相关情况，记入招标公告。

Ⅶ. 对都道府县及政令涉及特定都市的建议

政府建议，各都道府县及政令涉及特定都市在进行以下标准额以上的采购时，以各地方实际情况与相关法律为依据，以符合行动计划的必要措施为原则进行。

(1) 工程　　　　　　　　　1500 万 SDR
(2) 设计、咨询业务　　　　150 万 SDR

其次，关于标准额以上的采购相关的异议处理，政府建议各都道府县及政令涉及特定都市就完备所需处理体制做进一步研讨。

＜附则＞

1. 措施的对象国家

本措施的实施对象为，所有适用有效关贸总协定政府采购协定的规定的国家。但是，经日本国政府承认的本措施的对象国在公用事业的采购中，对我国企业存在差别惯例的情况，在该国废除该有关差别惯例之前，根据新关贸总协定政府采购协定中的调整方法，可以停止对该国实施本措施。

2.MPA 的运用

(1) MPA 是作为我国单方面的政府措施，规定了有关在1988 年至 1991 年引进的大型公用事业的参与机会。MPA 的对象项目及将来的项目目录，参照附件 6。

(2) MPA 中规定的特定公共项目的相关采购程序，依照如下规定：

①关于工程及设计、咨询业务，进行行动计划中规定的标准额以上的采购时，采用行动计划所规定的措施。其二，进行不足行动计划规定的标准额但超过 MPA 规定的标准额以上的采

购时，招标人应采用行动计划的措施或者贯彻六、3 中规定的方针，继续实施透明的、客观的且具竞争性程序的 MPA 措施。

②关于物品，继续实施 MPA 措施。

（3）关于 MPA 中规定的特定民间项目及第三类项目相关工程、设计·咨询业务及货物的采购，继续实施 MPA 措施。

（4）关于将来项目中的有关采购，该项目中的招标人为国家或政府相关机构时，采用（2）中规定的措施，招标人为特定民间或第三类时，采用（3）的措施。

（5）这些项目的工程完工之际，为 MPA 结束时。

附件 1—1：

标准型

流程	标准时限
公　　告	
申请书及资料的提出期限	公告后立即
开始发布招标说明书	10 天
确认参加竞争资格	7 天
通知参加竞争资格的确认结果	
请求说明无参加资格的认定理由	7 天*
对请求的回答	7 天
现场说明会	8 天
投　　标	

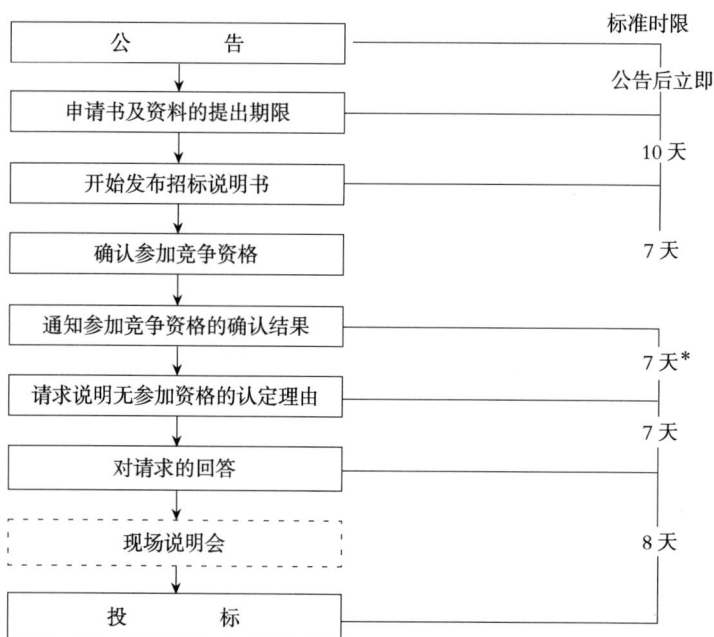

注：*处不含行政机关的休息日。

附件 1—2:

施工项目审查型

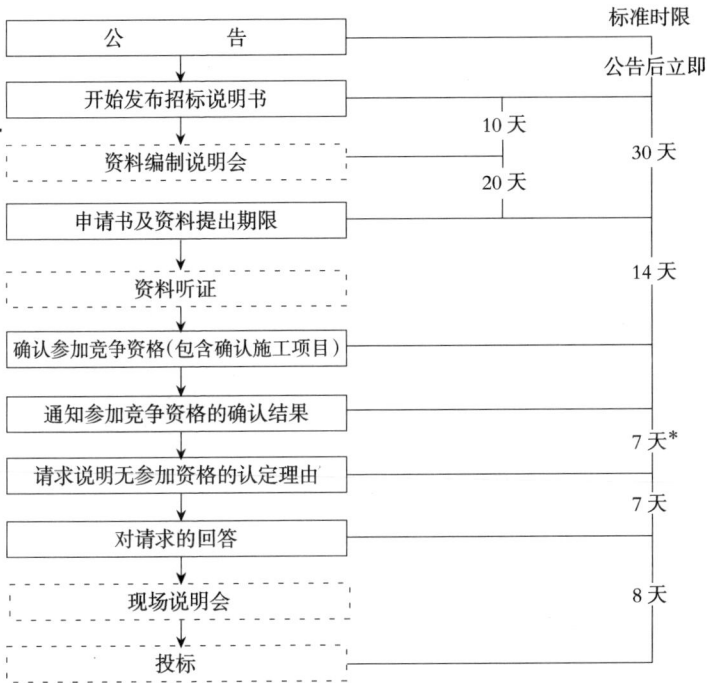

注：＊处不含行政机关的休息日

附件 2: 日刊业界报纸

日刊建设工业报

日刊建设通信

日刊建设产业报

附件3:

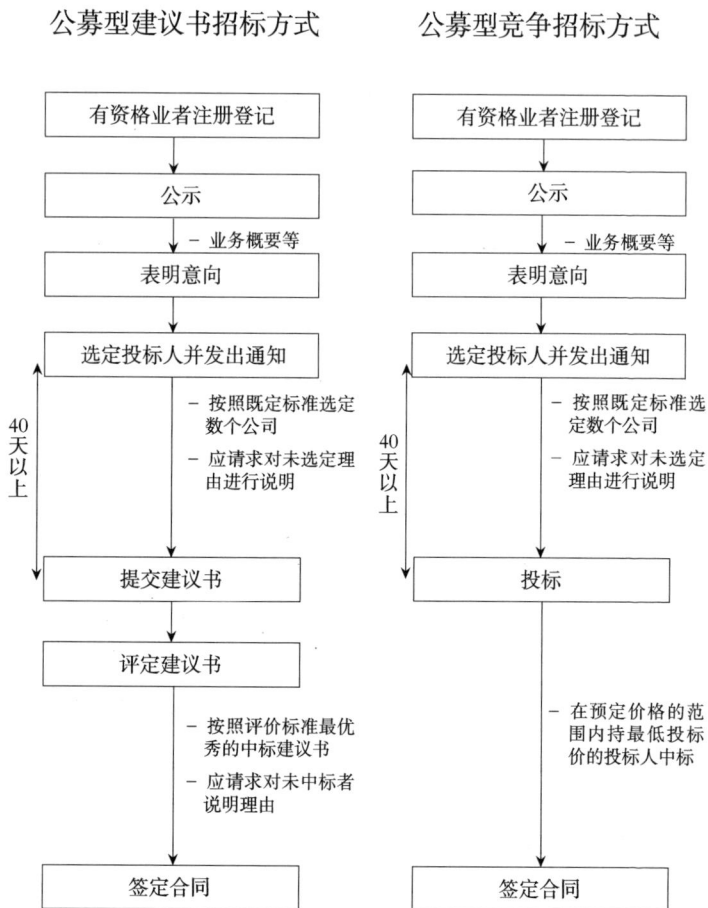

公募型建议书招标方式　　　　公募型竞争招标方式

| 有资格业者注册登记 | 有资格业者注册登记 |

公示 ← 业务概要等 → 表明意向

选定投标人并发出通知

－ 按照既定标准选定数个公司

－ 应请求对未选定理由进行说明

40天以上

提交建议书

评定建议书

－ 按照评价标准最优秀的中标建议书

－ 应请求对未中标者说明理由

签定合同

公示 ← 业务概要等 → 表明意向

选定投标人并发出通知

－ 按照既定标准选定数个公司

－ 应请求对未选定理由进行说明

40天以上

投标

－ 在预定价格的范围内持最低投标价的投标人中标

签定合同

附件4:

建设采购审查委员会

我们国家（日本），关于对行动计划 1、2、中规定的标准额以上的采购的异议申诉，在新关贸总协定政府采购协定在我国生效之前，由依据"关于面向大型公用事业的参与入机会等相关内容我国政府的追加措施"（1991 年 7 月 26 日内阁会议通过）设置的独立的审查机关建设采购审查委员会（以下称作委员会），进行审查。

1. 委员会

（1）委员会不得与作为审查对象的采购有任何实质性的利害关系。

（2）委员会，受理异议文书后，通过招标人对任何与采购活动有关联的事实进行调查，对招标人提出建议。

（3）委员会，在必要时可以听取作为审查对象的采购活动中的有实践经验的技术人员的意见。该技术人员应为与该采购无实质性利害关系人。

2. 可以提出异议申诉的人

所有的潜在供给人，均可提出异议申诉。潜在供给人的定义如下：

（1）工程采购程序中

（イ）申诉异议为有关一般竞争业者的注册登记时，为该注册登记申请的人。

（ロ）申诉异议为有关确认参加竞争资格时，为申请了该参加资格竞争确认的投标人。

（八）申诉异议为（イ）（ロ）以外的有关采购程序时，为接受了参加资格竞争审查的投标人。

（二）申诉异议为投标结果时，为实际投标人。

（2）设计、咨询业务的采购程序中

（イ）申诉异议为有关有资格业者的注册登记时，为该注册登记申请人。

（ロ）申诉异议与建议书投标人的选定（公募型方案方式）或与参加竞争者的选定内容有关时，为对该采购表明意向的投标人。

（ロ）申诉异议为（イ）（ロ）以外的有关采购程序时，为经认定的建议书投标人（公募型方案方式）或经认定的投标人。

（二）申诉异议为有关建议书评定时（公募型方案方式），为建议书的投标人，或与投标结果有关时（公募型竞争投标方式），为实际投标人。

其次，该潜在投标人，必须在 4（4）中所规定的通知受理后的 7 日内，向委员会通知其参加意向；参加人，未因 4（3）的规定被驳回申诉时，应遵循 4（7）（ロ）中规定的程序。

3. 参加人

招标人，提出异议申诉人（以下称做"异议申诉人"）及涉及到的所有潜在供给人，均可参加异议处理程序。

4. 采购审查程序

（1）潜在的投标人，在采购程序的任何阶段，认为所进行的采购形式违反了行动计划对象的任一规定时，判明异议的主要原因后或在当然能够判明的 10 日内，可以向委员会申诉异议。委员会在潜在投标人提出异议申诉后的一个工作日内，向招标人提出该副本。（日期的计算，按普通日历）

（2）委员会对迟于规定日期提出的异议申诉，经确认有正当理由的，可以受理该申诉。

（3）委员会，在提出申诉后的 7 日内，审查申诉异议，与下列情况相符时，可以附书面理由驳回该申诉

（イ）迟延申诉的

（ロ）与行动计划无关的

（ハ）轻微的或无意义的

（二）非潜在投标人提出的申诉

（ホ）通过其他委员会进行了非正当审查

（4）委员会，能够确认申诉异议正当时，应当在 1 日内通知所有涉及到的潜在供给投标人。

（5）停止合同订立或执行

（イ）委员会，关于合同订立之前阶段的异议申诉，在提出

申诉后的 10 日内迅速下发有关在异议处理期间不得订立合同的要求内容的文件。

（ロ）委员会，对合同订立后 10 日内提出的申诉，迅速下发有关在异议处理期间停止执行合同的要求内容的文件。

（八）招标人，在接到委员会发出的不得订立合同与停止执行合同的要求文件时，应尽快依照执行。但是，该招标人所属机构领导出于紧急情况或不得已的状况，或为维护国家利益等理由，认为不能遵照委员会的要求，并同时将该理由事实依据以文件形式，直接地通知了委员会时，不受此限制。

（6）调查

（イ）委员会，依据异议申诉人及招标人的说明、主张及提出的其他文件等对其申诉的内容进行调查。

（ロ）委员会，可以依据异议申诉人或招标人的要求、或由委员会自发，对申诉内容召开公开听证会。

（7）招标人的报告书

（イ）招标人，在异议申诉书的副本向其提出后的 14 日内，必须向委员会提交包括下列事项的相关异议报告书

①与该申诉有关的技术明细书或包含这一部分的投标资料

②与该申诉有关的其他所有文件

③相关的所有事实、判明的事实，明确记载了招标人的行为及提案，且与所有异议事项相应的所有说明书。

④为解决异议而有必要追加的事项或信息。

（ロ）委员会，接受了（イ）中规定的报告书后，直接向申诉人送达相关文件副本的同时，当给予申诉人 7 天的期限，向委员会提出意见或希望依据该文件作出事实判断的要求。委员会必须在收到请求文件后直接将其副本送达招标人。

5. 审查结果及建议

（1）委员会，在异议申诉提出后 50 日内，做成审查结果报告书及对招标人的建议书。委员会应在该审查结果中，明确地对该申诉内容的全部或部分作出确认或驳回表示的同时，必须

对该采购程序是否进行了违反行动计划所规定的措施的行为作出明确的结论。

（2）委员会，发现了违犯法律的不正当行为或违法行为的证据时，向相应的执行机关通报，请求该机关采取措施。

（3）委员会，在制作审查结果及建议之际，应当考虑到采购程序中的过错程度、对部分或全部的潜在供给人造成不利的影响程度、对行动计划宗旨的阻碍程度、参加人的诚意、该采购相关合同的履行程度、该建议给政府带来的负担、采购的紧急性及对招标人的业务影响等有关该采购程序的所有状况。

（4）委员会确认未实施行动计划中规定的措施时，可提出含以下的一种或两种以上的纠正方法的建议。

（イ）采用新的采购程序

（ロ）不改变采购条件，实行再次发包

（ハ）再次审查该采购

（ニ）与其他的供给人订立合同

（ホ）作废合同

（5）委员会应将审查结果作成文件，在建议的同时，一个工作日内，送达异议申诉人、招标人及其他参加人。

（6）对正确合理的申诉异议，原则上应当遵从委员会的审查结果。若招标人的判断与审查结果不一致时，必须自收到报告书的60日内附理由向委员会报告。

（7）委员会就审查结果对来自外部的查询进行答复。

6. 迅速审查

（1）在有异议申诉人或招标人以文件形式提出了迅速处理申诉异议的要求时，委员会依本项规定的迅速审查程序，决定是否进行异议处理。

（2）委员会自接到迅速审查的请求后的2个工作日内，对是否适用迅速审查程序作出决定，并将该决定内容通知异议申诉人、招标人及所有的潜在供给人。

（3）使用迅速审查的期限及程序，照如下规定：

（イ）招标人，在接到委员会发出的适用迅速审查的通知后6日内，向委员会提出4（2）中规定的异议相关报告书。委员会接到报告书后，不迟缓地将该相关文件副本送达异议申诉人及其他的参加人。委员会对异议申诉人及其他参加人给出5天的延长期限以便其向委员会提出对该文件的相关意见或希望作出事实判断的要求。委员会，接到其提出的意见后直接将该副本送达招标人。

（ロ）委员会，就申诉异议在异议申诉后的25日内作出审查结果或建议。

7. 由招标人保存文件

为有助于以上的异议处理程序的执行，招标人，对有关行动计划Ⅰ.2中规定的标准额以上的采购，为证明其进行的采购程序遵从了行动计划所规定的措施，必须自合同订立之日起的五年间，保存所有有关联的文件。

附件5：国家级政府相关机构的咨询窗口

（1）国家

机 关 名 称	咨 询 窗 口	代表电话	内线	FAX
众议院	总务部会计科采购担当			
参议院	总务部会计科合同担当			
最高法院	事务总局经理局修建科合同担当			
会计检查院	事务总长官房会计科采购担当			
人事院	管理局会计科管财担当			
内阁·总理府	官房会计科合同担当			
公正交易委员会	事务局官房总务科用度担当			
国家公安委员会（警察厅）	长官官房会计科			
公害等调整委员会	事务局总务科会计担当			
宫内厅	官房主计科支出负担行为担当			

续表

机 关 名 称	咨 询 窗 口	代表电话	内线	FAX
总务厅	官房会计科合同担当			
北海道开发厅	经理科经理第1担当			
防卫厅	经理局工务科			
经济企划厅	官房会计科合同担当			
科学技术厅	官房会计科合同担当			
环境厅	官房会计科合同担当			
冲绳开发厅	总务局会计科			
国土厅	官房会计科决算担当			
法务省	官房修建科经理担当			
外务省	官房会计科			
大藏省	官房会计科决算堤担当			
文部省	官房文教设施指导科 管理室市场开放对策担当			
厚生省	官房会计科			
农林水产省	官房经理科特定采购总管担当			
通商产业省	官房会计科调度班			
运输省	官房会计科合同调整官			
邮政省	官房建筑部管理科合同企划担当			
劳动省	官房会计科调度班合同管理			
建设省	建设经济局建设市场开放推进室			
自治省	官房会计科			

（2）政府相关机构

机 关 名	咨 询 窗 口	代表电话	内线	FAX
农林渔业金融公库	总务部总务科			
身心障碍人福利协会	总务部总务科总务担当			
东海旅客铁道（股）	建设工程部管理科			
煤炭矿害事业团	总务部总务科			
建设业、清酒制造业、林业退职金共济组和东日本旅客铁道（股）雇用促进事业团	总务部会计科 建设工程部 经理部合同第1科用度担当			
环境卫生金融公库	经理部经理科			
日本进出口银行	管理部第2科、总务科			
农业人年金基金	经理部经理科			

机　关　名	咨　询　窗　口	代表电话	内线	FAX
公营企业金融公库	总务部			
森林开发公团	经理部经理科			
奄美群岛振兴开发基金	东京事务所			
阪神高速道路公团	工务部调查官员			
北海道旅客铁道（股）	铁道事业本部工务部管理科			
北海道东北开发公库	事务部总务科			
本州四国联络桥工团	企划开发部企划科			
住宅、都市整备公团	经理部合同监理科			
住宅金融公库	经理部会计科			
亚细亚经济研究所	经理部经理科			
理化学研究所	经理部购买科			
农用地整备公团	经理部经理科			
日本艺术文化振兴会	经理部经理科总管担当			
日本原子力研究所	业务部合同第1科			
国民生活中心	总务部经理科			
日本开发银行	总务部总务科			
环境事业团	经理部合同科			
日本贸易振兴委员会	经理部管理科			
中小企业金融公库	庶务部庶务科			
国际交流基金	总务部总务科			
日本货物铁道（股）	财务部资财科			
日本道路工团	企划部调整科			
日本科学技术信息中心	经理部会计科			
日本劳动研究机构	经理部经理科			
国际协力事业团	经理部设施用度科			
日本自行车振兴会	总务部财务科			
日本小型汽车振兴会	总务部总务科			
石油公团	总务部会计科			
国际观光振兴会	经理部			
日本私学振兴财团	总务部会计科用度担当			
日本中央赛马会	设施部项目科			
日本铁道建设工团	经理部合同科			
蚕丝砂糖类价格安定事业团	经理部经理第1科			

续表

机 关 名	咨 询 窗 口	代表电话	内线	FAX
地域振兴整备公团	经理部合同监理科			
中小企业事业团	经理部合同设施科			
日本学术振兴会	总务部会计科主计担当			
日本烟草产业（股）	总务部总务科			
日本国有铁道清算事业团	项目工程部项目科			
九州旅客铁道（股）	设施部管理科			
劳动福利事业团	经理部合同科			
畜产振兴事业团	总务部经理科			
船舶整备公团	总务部企划室			
金属矿业事业团	总务部合同室			
首都高速道路公团	海外担当调查官员			
农林渔业团体职员共济组和私立学校教职员共济组和消防团员等公务灾害等共济基金	总务部总务科庶务担当 财务部经理科用度担当 总务科			
国立教育会馆	会计科主计担当			
日本体育、学校健康中心	经理部经理第 1 科用度管财担当			
新能源、产业技术综合开发机构	经理部合同科			
新东京国际机场公团	经理部合同科			
日本电信电话（股）	不动产开发推进部资产			
管理部门总务担当				
北方领土问题对策协会	总务科会计担当			
冲绳振兴开发金融公库	总务部总务科			
年金福利事业	经理部经理科			
国民金融公库	庶务部庶务科			
公害健康被告补偿预防协会	经理部经理科			
简易保险福利事业团	总务部总务科			
动力炉、核燃料开发事业团	业务部业务科			
铁道整备基金	总务科			
新技术事业团	总务部经理科			
四国旅客铁道（股）	工务部保线科			
中小企业信用保险公库	经理部经理科			
中小企业退职金共济事业团	总务部会计科			

机　关　名	咨　询　窗　口	代表电话	内线	FAX
社会保障研究所	总务部			
社会保险诊疗报酬支付基金	经理科			
社会福利、医疗事业团	经理部会计科			
帝都高速度交通营团	总务部文书科			
日本育英会	会计科会计担当			
地方赛马全国协会	经理部经理科			
海外经济协力基金	经理部会计科			
放送大学学园	总务部会计科用度第1担当			
水资源开发公团	经理部合同科			
西日本旅客铁道（股）	综合企划本部经营管理室			

附件6：MPA 相关项目

Ⅰ.MPA 对象项目

1. 特定公共项目

（1988 年项目列举）

- 东京国际机场（羽田）海上展开第三期工程（1990 年度—1995 年度）
- 新广岛机场（1986 年度—1993 年度）
- 东京湾再开发（首都高速 12 号线）（1984 年度—）
- 伊势湾岸道路（预定于 1996 年度完成）
- 明石海峡大桥（预定于 1997 年度完成）
- 横滨港未来 21（土地区划整理、国际会议厅、港湾整备）（1985 年度）
- 关西文化学术研究都市（土地区划整理、第二京滨道路、先端科学技术大学院）（1998 年度—）

（1991 年追加项目）

- 新千岁机场（第三期）（预定于 2000 年完成）
- 来岛大桥（预定于 1988 年完成）
- 幕张地区超高层住宅（1991 年度—1996 年度）

- 第二国立剧场（1991 年度—1996 年度）
- 关西合同厅舍
- 国立纪念奥林匹克青少年综合中心（1991 年度—1994 年度）
- 日光降雾休养地设施（1991 年度—1996 年度）
- 长寿科学研究中心：社会保险医院（关东）（1991 年度—1993 年度）
- 东京外国语大学：国文学研究资料馆、国立极地研究所、统计数理研究所、大型放射光设施（Spring－8）（兵库）（储备环形楼（第一期）及其关联设施除外）（预定于 1998 年度完成）

2. 特定民间项目

（1987 年—1988 年项目列举）

- 关西国际机场
- 东京湾横跨道路
- 日本电信电话股份公司（NTT）新宿大楼

3. 第 3 类项目

（1987 年—1988 年项目列举）

- 东京国际机场（羽田）（第二期）候机楼
- 东京国际机场（羽田）（第三期）候机楼
- 新广岛机场候机楼
- 新北九州机场候机楼
- 东京信息港
- 横滨港未来 21（国际会议厅）
- TECHNOPORT 大阪（亚洲贸易中心、世界贸易中心、）
- 六甲岛

（1991 年追加项目）

- 横滨大黑埠头综合进口航空集散站（进口综合候机楼）
- 临港出入塔楼
- 仙台机场国际线候机楼
- 新千岁机场候机楼（第三期）

- JR 京都站再开发
- JR 上野站再开发

Ⅱ. 将来项目（被具体化了的项目或事业构想、或者若被决定后，将成为被追加的对象项目）

- 福冈机场西侧候机楼
- 中部国际机场
- 福岛机场
- 琦玉 YOU AND I
- 第二国立国会图书馆
- 南青山 NTT 项目

（注： "福冈机场西侧候机楼"及琦玉 YOU AND I 之中的"琦玉广域合同厅舍"，通过被具体化了的项目，各自于 1992 年及 1993 年作为实质上的特例措施对象项目被开始采购。）

摘自： "新公共招投标和合同制度事务便览"招投标制度问题研究会（大成出版社）

资料 5：

政府采购协定

序言

本协定各参加方（以下简称"各参加方"），

认识到需要就有关政府采购的法律、法规、程序和惯例建立一个有效的关于权利和义务的多边体制，以期实现世界贸易更大程度的自由化和扩大、改善进行世界贸易的国际框架；

认识到涉及国内外产品和服务及国内外供应商的有关政府采购的法律、法规、程序和做法惯例的制定、采用或适用，对国外或国内产品和服务及对国外或国内供应商的适用不应被用于对国内产品或服务或国内供应商提供保护，也不应在国外产品或服务或国外供应商之间造成歧视；

认识到有关政府采购的法律、法规、程序和惯例宜具有透明度；认识到需要建立关于通知、磋商、监督和争端解决的国际程序，以期保证有关政府采购的国际规定得到公平、迅速和有效的实施，并最大可能地维持权利与义务的最大可能的平衡；

认识到需要考虑发展中国家、特别是最不发达国家的发展、财政和贸易需要；

期望依照 1979 年 4 月 12 日订立并于 1987 年 2 月 2 日修正的《政府采购协定》第 9 条第 6 款（b）项的规定，在互惠的基础上扩展和改善该协定，并扩大该协定的适用范围以包括服务合同；

期望鼓励未参加本协定的政府接受和加入本协定；

为追求这些目标而承诺进行进一步谈判；

特此协议如下：

第1条　范围

1. 本协定适用于有关本协定涵盖机构所从事的任何采购的任何法律、法规、程序或惯例，本协定所涵盖机构在附录1[①]中列明。

2. 本协定适用于通过任何契约方式进行的采购，包括通过诸如购买（purchase），或诸如租赁（lease）、租借（rental）或租买（hire purchase）等方式方法，无论其是否带有购买的选项，也无论产品和服务的任何组合。

3. 如机构在从事本协定涵盖的采购时，要求未列入附录1的企业依照特殊要求进行发包，则第3条经必要的修改后也应适用于此类要求。

4. 本协定适用于价值不低于附录1所列有关最低限额的任何采购合同。

第2条　合同估价

1. 下列规定应适用于为实施本协定的目的而进行的对合同价值[②]的确定。

2. 估价应考虑所有形式的报酬，包括任何奖金、酬金、佣金和应收利息。

3. 机构不得以规避本协定的适用为目的而进行对估价方法的选择，也不得为此目的而分割任何采购要求进行分割。

4. 如基于一单项采购要求而发包一个以上的合同，或将使

[①] 对于每一参加方，附录1部分为5个附表：
　　——附表1：包含中央政府机关
　　——附表2：包含中央政府机关的下属机关
　　——附表3：包含所有开展本协定条款下的采购的其他机关
　　——附表4：说明本协议所涵盖的服务，下面列举或负面排除均可
　　——附表5：说明本协议所涵盖的建筑施工服务
　　相关最低限额在各参加方的附表中说明
[②] 本协定适用于合同价值等于或超过依据第9条需公布通知的最低限额

合同分为几部分进行发包，则估价基础应为：

（a）前一财政年度或 12 个月中订立的类似后续合同的实际价值，如可能，根据在其后 12 个月中数量和金额的预期变化进行调整；或

（b）在本财政年度内或初始合同订立后的 12 个月中内的订立的后续生合同的估计价值。

5. 对于产品或服务的租赁、租借和租买合同，或对于未列明总价的合同，估价基础应为：

（a）对于定期合同，如期限等于或少于 12 个月，则估价基础应为合同有效期内的合同总价值，或如果期限超过 12 个月，则估价基础应为包括估计的剩余价值残值在内的合同总价值。

（b）对于期限不确定的无定期合同，估价基础应为月租金摊付额与 48 的乘积。

如有任何疑问，则应适用第二种估价基础，即（b）项。

6. 如一采购预定有意识地规定了列明需要选择性条款，则估价基础应为包括了选择性条款在内的合同允许进行的最大限度采购的总价值，包括选择性购买。

第 3 条　国民待遇和非歧视

1. 对于出于对本协定涵盖的有关政府采购的所有法律、法规、程序和做法惯例的遵从，每一参加方应立即无条件地对其他参加方的产品、服务或提供产品或服务的其他参加方的供应商提供不低于下列水平的待遇：

（a）给予国内产品、服务和供应商的待遇；及

（b）给予任何其他参加方的产品、服务和供应商的待遇。

2. 出于对本协定涵盖的有关政府采购的所有法律、法规、程序和做法惯例的遵从，每一参加方应保证：

（a）机构不得对某在当地设立的供应商因其与外国联营或被外国拥有所有权的程度而给予其的待遇低于给予另一当地设立的供应商的待遇；及

（b）其机构不得因产品或服务的供应生产国而歧视当地设立的供应商，只要该生产国依照第 4 条的规定属本协定的参加方。

3. 第 1 款和第 2 款的规定不得适用于与进口有关的关税和任何种类费用的征收，征收此类税费的方法、其他进口法规和手续以及本协定涵盖的、除有关政府采购的法律、法规、程序和做法外的影响服务贸易的措施。

第 4 条　原产地规则

1. 一参加方不得为本协定涵盖的政府采购目的而对自其他参加方进口的产品或服务实行的原产地规则，这一点区别于在正常贸易过程中从相同参加方进口相同产品或服务所实行的原产地规则。

2. 在根据《建立世界贸易组织协定》（下称"《WTO 协定》"）附件 1A 所列《原产地规则协定》进行的有关协调货物原产地规则的工作计划及关于服务贸易的谈判结束后，各参加方在修正第 1 款时应酌情考虑该工作计划和这些谈判的结果。

第 5 条　发展中国家的特殊和差别待遇

目标

1. 各参加方在实施和管理本协定时，应通过本条所列规定，充分考虑发展中国家、特别是最不发达国家的发展、财政和贸易需要，以满足它们的下列需要：

（a）保障其国际收支平衡，并保证其储备水平足以实施经济发展计划；

（b）促进其国内工业的发展，包括其农村及落后地区的小企业及乡村工业以及其他经济部门的发展；

（c）支持完全或实质上依赖政府采购的工业单位；以及

（d）鼓励发展中国家之间通过地区性或全球性安排发展经济，只要这些安排向世界贸易组织部长级会议提交且该会议对此不持异议。

2. 在符合本协定规定的前提下，每一参加方在制定和实施影响政府采购的法律、法规和程序时，应便利来自发展中国家的进出口增长，并牢记最不发达国家和经济发展处于较低阶段国家的特殊问题。

范围

3. 为保证发展中国家能够在符合其发展、财政和贸易需要的条件下能够遵守本协定，在关于本协定的谈判中应认真考虑第1款所列目标，以便本协定能够规定将涵盖的发展中国家的采购。发达国家在根据本协定的规定制定范围清单时，应努力列入那些采购对发展中国家有出口利益的产品和服务的机构。

议定的例外

4. 某一发展中国家，基于个案的特殊情况，可与本协定的其他参加方就其范围清单所含部分特定机构、产品或服务，谈判双方可接受的对国民待遇规则的例外。在此类谈判中，应充分考虑第1款（a）项至（c）项所指的因素。参加第1款（d）项所指的发展中国家间区域或全球安排的某一一发展中国家，基于个案的特殊情况，也可对其清单的例外进行谈判，但应特别考虑到为上述有关区域或全球安排所提供的中规定的政府采购规定条款，并且特别是那些有关可能受共同产业发展计划约束的产品或服务。

5. 本协定生效后，一发展中国家参加方，基于其发展、财政和贸易需要，可依照本协定第24条第6款包含的关于修改范围清单的规定修改其清单，同时注意其发展、财政和贸易需要，或基于个案的特殊情况并充分考虑第1款（a）项至（c）项的规定，可请求政府采购委员会（下称"委员会"）对其范围清单中包含的部分特定机构、产品或服务给予国民待遇规则的例外，并适当考虑第1款（a）项至（c）项的规定。在本协定生效后，一发展中国家参加方，基于个案的特殊情况并充分考虑第1款（d）项的规定，还可请求委员会按照其参与发展中国家间区域或全球安排的情况，对其范围清单中部分特定机构、产品或服务给予例外，并适当考虑第 1 款（d）项的规定。一发展中国家向委员会提出的有关修改其清单的每一请求均应附与请求有关的文件或附考虑此事项所必需的信息。

6. 第 4 款和第 5 款作必要的修改后应适用于本协定生效后加入本协定的发展中国家。

7. 第 4 款、第 5 款和第 6 款所提及的此类议定的例外应依照以下第 14 款的规定进行审议。

对发展中国家参加方的技术援助

8. 应请求，每一发达国家参加方应该应请求向发展中国家参加方提供其认为适于解决这些国家在政府采购领域的问题的所有技术援助。

9. 这一援助应是对在发展中国家参加方之间非歧视的，并基础上应特别涉及：

——对解决与授予一特定合同发包相关有关的特殊技术问题的解决方案；及

——某一参加方提出请求且另一参加方同意在此援助中处理的任何其他问题。

10. 第 8 款和第 9 款所指的技术援助应包括将发展中国家参加方的供应商提交的资格文件和投标书译为有关机构指定的 WTO 一正式语言，除非有关发达国家参加方认为翻译难以负担过于麻烦，在此种情况下，该发达国家参加方或其机构应请求应向发展中国家参加方给予解释进行说明。

信息中心

11. 发达国家参加方应单独或联合建立信息中心，以答复发展中国家参加方提出的与如下内容有关的信息的合理要求：与有关政府采购的法律、法规、程序和惯例、已公布的预定采购的通知、本协定涵盖机构的地址、以及已购或拟购产品或服务的性质和数量，包括可获得的关于未来投标的信息。委员会也可建立一信息中心。

最不发达国家的特殊待遇

12. 基于注意到 GATT1947 缔约方全体于 1979 年 11 月 28 日通过的《关于发展中国家差别和更优惠待遇、互惠和更充分参与的决定》（BISD26 册 203 至 205 页）第 6 段规定，在优惠发展中国家的任何一般或具体措施的范围内，应对最不发达国家参加方和这些参加方中供应原产于这些参加方的产品或服务的供应商给予特殊待遇，作为对发展中国家参加方提供任何一般或特殊优惠措施。一参加方还可对非本协定参加方的最不发达国家中的供应商在供应原产于这些国家的产品或服务方面给予本协定的利益。

13. 每一发达国家参加方应请求应向在最不发达国家参加方中潜在的投标人在提交投标书时和在选择可能对最不发达国家参加方其机构和供应商有利益的产品或服务时提供其认为适当的援助，以及向最不发达国家中的供应商提供此类援助，并以同样方式帮助它们遵守与预定采购标的产品或服务有关的技术法规规则和标准。

审议

14. 委员会应每年对本条的运用情况和有效性进行审议，并依据各参加方提供的报告在实施期内每三年进行一次主要审议，以评估其效果。作为三年期审议的一部分，并为使本协定的规定得到最大程度的实施，特别包括第 3 条的规定，同时注意到有关发展中国家的发展、财政和贸易情况，委员会应对依照本条第 4 款至第 6 款的规定所规定的例外进行审查，以考虑是否应修改或延长依照本条第 4 款至第 6 款的规定所规定的例外。

15. 在依照第 24 条第 7 款的规定进行的未来回合的谈判过程中，每一发展中国家参加方应基于其经济、财政和贸易情况，考虑扩大其范围清单的可能性，同时注意其经济、财政和贸易情况。

第6条　技术规格

1. 技术规格规定拟购产品或服务的特征，如质量、性能、安全，体积、符号、术语、包装、标识和标签，以及采购机构规定的与合格评定审查程序相关的生产工艺过程和方法，其制定、采用或实施不得以对国际贸易造成不必要的障碍为目的，也不得产生此种效果。

2. 采购机构规定的技术规格，在适当时应尽可能：

（a）应依据性能而非设计或描述特征；及

（b）如存在国际标准，则应依据国际标准；如无国际标准，则应根据国家技术法规③①、公认的国家标准④② 或建筑规格法规。

3. 不得要求或提及一特定商标或商号、专利、设计或型号、具体原产地、生产商或供应商，除非无足够准确或易懂的方法描述采购要求，且需在招标文件中包括如"或相当于同类产品"等措辞。

4. 各机构不得以可能具有妨碍竞争效果的方式，去寻求或接受在制定一具体采购规格时可采用的、与该采购有商业利益的公司提出的可能被用于为该采购准备规格说明的建议。

第7条　招标程序

1. 每一参加方应保证其机构的招标程序以非歧视的方式实施，并与第7条至第16条的规定相一致。

---

① 为达成本协定的目的，一技术规则是指一种规定某一产品或服务的特性或其相关过程和制造方法的文献，包括可适用并需强制性遵从的行政法规。当适用于某种产品、服务、过程或制造方法时，它也可包含或排除性地使用术语、符号、包装、标识或标签要求。

② 为达成本协定的目的，一标准是指一种被认证机构所指定的文献，它为产品、服务或相关过程和制造方法提供被一般性地或反复地使用的规则、指南或特性。当适用于某种产品、服务、过程或制造方法时，它也可包含或排除性地使用术语、符号、包装、标识或标签的要求。

2. 各机构不得以具有妨碍竞争效果的方式，向任何供应商提供有关特定采购的信息。

3. 就本协定而言：

（a）公开招标程序指所有感兴趣的供应商均可据此提交投标书的程序。

（b）选择性招标程序指与第 10 条第 3 款和本协定其他有关规定相一致的程序，有关机构邀请的供应商可据此进行投标。

（c）有限招标程序指仅根据第 15 条列明条件的程序，有关机构据此与供应商进行单独接触。

第 8 条 供应商资格

各机构在审查供应商资格时，不得在其他参加方的供应商之间或在本国供应商与其他参加方的供应商之间造成歧视。资格审查程序应与下列规定相一致：

（a）参与招标程序的任何条件应有充足的时间提前公布，以使感兴趣的供应商启动相关工作，并与有效实施采购程序及资格审查程序的相适应；

（b）参与招标程序的任何条件应限于与公司履约能力相关的必要条件。对供应商参与投标所要求的任何条件，包括财务担保、技术资格及确定供应商的财务、商业和技术能力所必需的信息，以及对资格的核实等，与本国供应商相比，不得不利于其他参加方的供应商，也不得在其他参加方的供应商之间造成歧视。对供应商的财务、商务和技术能力的判断应同时基于该供应商的全球商业活动，以及其在采购机构所在地的商业活动，同时充分考虑它们之间的法律关系：

（c）供应商资格审查的过程和所需时间不得用以阻止其他参加方的供应商列入供应商名单，或阻止其成为一特定预定采购所考虑的对象。各机构应承认符合一特定预定采购参加条件的国内供应商或其他参加方的供应商均为合格供应商。要求参加一特定预定采购、但尚未被认可为合格的供应商也应予以考虑，只要有足够的时间完成资格审查程序。

（d）保存合格供应商常设名单的机构应保证供应商可随时提出资格申请；并保证提出请求的所有合格供应商均在合理的较短时间被列入该名单；

（e）如在根据第9条第1款公布通知后，一尚未被认可为合格的供应商请求参加该预定采购，则有关机构应迅速开始资格审查程序；

（f）对于提出成为合格供应商请求的任何供应商，有关机构应将与此有关的决定通知该供应商。对于列入常设名单的合格供应商，有关机构应将任何此类名单的废止或将供应商名址从名单中去除的情况通知该供应商；

（g）每一参加方应保证：

（i）每一机构及其组成部分遵循单一的资格审查程序，除非能够确实证明有必要采用不同的程序；及

（ii）努力缩小各机构之间资格审查程序的差异。

（h）（a）项至（g）项的任何规定不得妨碍因破产或虚报等原因而排除任何供应商，只要此类行动符合本协定关于国民待遇和非歧视的规定。

第9条　关于预定采购的投标邀请

1. 依照第2款和第3款，各机构应公布邀请参加各种预定采购的所有通知，除非符合第15条（有限招标程序）的规定。该通知应在附录2所列的合适的出版物中公布。

2. 采购投标邀请可按第6款的规定采用提议采购通知的形式。

3. 附件2和附件3中的机构可按第7款的规定采用计划采购通知，或按第9款的规定，使用关于资格审查制度的通知，作为采购投标邀请。

4. 使用计划采购通知作为采购投标邀请的机构，应随后邀请所有根据至少包括第6款所指信息确认其投标兴趣的供应商。

5. 使用关于资格审查制度通知作为采购投标邀请的机构，应按照第 18 条第 4 款的规定及时提供信息，并给予充足时间，使所有表示兴趣的供应商有机会评估其参加该项采购投标的兴趣。此信息应包括第 6 款和第 8 款所指的通知中包含的所有可提供的信息。对一感兴趣的供应商提供的信息应以非歧视的方式向其他感兴趣的供应商提供。

6. 第 2 款所指的每一份提议采购通知应包括下列信息：

（a）性质和数量，包括进一步采购的任何可能性，并且，应尽可能包括对执行该采购的时间的估计；对于后续合同，包括性质和数量，并且应尽可能包括对公布拟购产品或服务的后续招标通知的时间的估计；

（b）招标程序是公开的，还是选择性的，抑或是否包括谈判；

（c）产品或服务交货的开始或完成的任何日期；

（d）被邀请的投标人提交申请、对供应商进行资格审查或接收标书的地址和最后期限，以及必须使用的一种或多种语言的要求；

（e）机构发包和提供说明和其他文件等任何必要信息的地址；

（f）要求供应商提供的任何经济和技术要求、财务担保和其他信息；

（g）对招标文件应付的任何数量款项的金额和支付条件；以及

（h）该机构正在进行的招标是否是关于购买、租赁、租购或一种以上的此类方法。

7. 第 3 款所指计划采购的每一份通知应尽可能多地包括第 6 款所指的可提供的信息。此类通知无论如何还应包括第 8 款所指的信息，以及：

（a）感兴趣的供应商向有关机构表明其对此项采购感兴趣的陈述；

（b）可获得进一步信息的有关机构的联系方法。

8. 对于每一项预定采购，有关机构应使用 WTO 一种官方语言公布简要通知。该通知应至少包括下列信息：

（a）合同标的物；

（b）所订立的提交投标书和投标申请的时限；

（c）可请求得到发包相关文件的地址。

9. 对于选择性招标程序，保存合格供应商常设名单的机构应每年在附录 3 所列出版物上公布关于下列内容的通知：

（a）所保存的名单的详细内容，包括公司名称、及其与相关产品和服务类别的关系；

（b）供应商被列入这些名单的条件，及有关机构核实每一项条件的方法；

（c）名单的有效期和展期手续。

如此种通知用作第 3 款规定的采购投标邀请，则该通知还应包括下列信息：

（d）有关产品或服务的性质；

（e）关于该通知可构成参加采购邀请的说明。

但是，如资格审查制度的有效期为 3 年或不足 3 年，且如果该制度的有效期在通知中已明确说明，并已在通知中明确说明不再公布其他通知，则只需在该制度开始实施时只公布一次通知。此种制度不得用于规避本协定的规定。

10. 如果在公布关于任何形式的预定采购投标邀请后至有关通知或招标文件列明的开启或接收投标书的日期之前，有必要修正或重新发布通知，则经修正或重新发布的通知的发布范围应与据以作出修正的原文件的发布范围相同。给予一供应商的关于一特定预定采购的任何重要信息应同时给予所有其他供应商，以使供应商有充分的时间考虑此类信息，并就此作出反应。

11. 各机构应在本条所指的通知中或刊载通知的出版物上明确说明该项采购为本协定所涵盖。

第10条　选择性程序

1. 为保证在选择性招标程序下开展最佳有效的国际竞争，对于每一项预定采购，各机构应邀请最大数量的国内供应商和其他参加方的供应商参加投标，以便使采购制度有效运转。它们应以公平和非歧视的方式选择供应商参加有关程序。

2. 保存合格供应商常设名单的机构可自被列入名单者中选择将被邀请参加招标的供应商。任何选择应允许名单中的供应商获得公平的机会。

3. 只要有足够的时间对未经资格审查的供应商完成第8条和第9条下的资格审查程序，应允许请求参加特定预定采购的供应商提交投标书并予以考虑。准予参加招标的额外供应商的数量应仅以确保采购制度的有效运转为限。

4. 参加选择性招标程序的请求可通过电传、电报或传真提交。

第11条　投标和交货期限

总则

1.（a）任何规定的时限应充足，以允许其他参加方的供应商与国内供应商一样可以在招标程序截止之前准备和提交投标书。在确定任何此类时限时，各机构应在满足其各自合理需要的情况下，综合考虑特定采购的复杂性、分包的层次以及自国外和国内各地邮寄投标书所需的正常时间。

（b）每一参加方应保证其机构在确定有关接收投标书或申请的最后日期时充分考虑出版延迟的因素。

截止期限

2. 除第3款规定外，

（a）在公开程序中，接收投标的期限自第9条第1款所指的公布日期起计算不得少于40天；

（b）在不涉及使用合格供应商常设名单的选择性招标程序

中，提交要求被邀请参加投标的申请的期限自第 9 条第 1 款所指的公布日期起计算不得少于 25 天；接收投标书的期限自发布投标邀请之日起无论如何不得少于 40 天；

（c）在涉及使用合格供应商常设名单的选择性招标程序中，接收投标书的期限自首次发布投标邀请之日起不得少于 40 天，无论首次发布投标邀请的日期是否与第 9 条第 1 款所指的公布日期相同。

3. 本条第 2 款所指的期限可在下列情况下予以缩短：

（a）如一单独通知已预先公布 40 天但不超过 12 个月，且该通知至少包括：

（i）尽可能多地包括了第 9 条第 6 款所指的可提供的信息；

（ii）第 9 条第 8 款所指的信息；

（iii）关于感兴趣的供应商应向有关机构表明对此项采购感兴趣的说明；以及

（iv）可获得进一步信息的有关机构的联络方式。

则接收投标的 40 天时限可由一能够提出符合要求的投标的足够长的期限所代替，该期限通常不得少于 24 天，且无论如何不得少于 10 天；

（b）在处理属第 9 条第 6 款范围内的后续发包的第二次或之后的招标公告的情况下，接收投标书的 40 天时限可缩短为不少于 24 天；

（c）如有关机构充分证明出现紧急情况使上述期限不可行，则本条第 2 款列明的期限可缩短，但自第 9 条第 1 款所指的公布日期起计算无论如何不得少于 10 天；或

（d）对于附件 2 和附件 3 所列机构进行的采购，第 2 款（c）项所指的期限可通过在有关机构与被选供应商之间达成的协议固定下来。如未达成协议，有关机构可确定一个足够长的固定期限，以便使投标符合要求，且无论如何不得少于 10 天。

5. 在符合有关机构合理需要的情况下，任何交货日期应考虑到预定采购的复杂性、分包的层次以及生产、装卸和自供货

点运输货物或提供服务所需的实际时间。

第12条 招标文件

1. 如在招标程序中，一机构允许以几种语言提交投标书，则其中一种语言应为 WTO 的一种正式语言。

2. 向供应商提供的招标文件应包含允许其提交符合要求的投标书的所有信息，包括在特定采购通知中要求公布的信息，但第 9 条第 6 款（g）项的规定除外，以及下列信息：

（a）递送投标书的有关机构的地址；

（b）递送获得补充信息的请求的地址；

（c）投标书和投标文件必须使用的一种或几种语言；

（d）接收投标的截止日期及至开标之间的时间期限；

（e）开标时获准在场的人员及开标的日期、时间和地点；

（f）任何经济和技术要求、财务担保以及要求供应商提供的信息或文件；

（g）对所需产品或服务的完整描述及任何对技术规格、需满足的合格认证、必需的设计图、图纸和说明材料等要求的完整描述；

（h）评标标准，包括评审投标书时需考虑的除价格以外的任何因素以及在评审投标价格时需包括的费用因素，如运输。保险和检查费用，对于其他参加方的产品或服务，还包括关税和其他进口费用、税收和支付货币；

（i）支付条件；

（j）任何其他条款或条件；

（k）依照第 17 条的条款和条件，若有来自非本协定参加方国家的投标书，只要遵从了本条的程序，可予以接受。

机构发布招标文件

3.（a）在公开程序中，对任何参加该程序的供应商，各机构均应提供招标文件，并对有关对招标文件进行说明的合理请求迅速答复。

（b）在选择性程序中，在任何请求参加投标的供应商请求下，各机构均应提供招标文件，并迅速答复有关对招标文件进行说明的合理请求。

（c）各机构应迅速答复参加招标程序的供应商关于提供有关信息的任何合理请求，只要此类信息不使该供应商在投标过程中获得优于其竞争者的有利条件。

第13条　投标书的提交、接收和开标及授予合同

1.投标书的提交、接收和开标及授予合同应与下列规定相一致：

（a）投标书通常应以书面形式直接或通过邮寄提交。如允许使用电传、电报或传真提交投标书，则投标书必须包括评审投标书所必需的所有信息，特别是投标人所提的最终价格及投标人关于同意投标邀请中的所有条款、条件和规定的说明。投标书必须迅速通过信函或发出电传、电报或传真的签字副本予以确认。不得允许通过电话提交投标书。如电传、电报或传真的内容与逾期收到的任何文件存在差别或相抵触，则应以电传、电报或传真的内容为准；以及

（b）可给予投标人的在开标和授予合同之间更正形式上的非故意错误的机会不得造成任何歧视性做法：

投标书的接收

2.如仅由于机构处理不当而造成迟延，而致使投标文件中指定的办事机构逾期收到投标书，则该供应商不得因此而受到处罚。在其他例外情况下如有关机构的程序如此作出规定，则投标书也可予以考虑。

开标

3.由机构根据公开或选择性招标程序收到的所有投标书，应根据为保证正常开标而制定的程序和条件予以接收和开启。投标书的接收和开启还应与本协定的国民待遇和非歧视规定相一致。有关开标的信息应由有关机构保存，由负责该机构的政

府主管机关处理，以便在第18条、第19条。第20条和第22条中的程序要求时使用。

授予合同

4.（a）投标书只有在开启时符合通知或招标文件中的基本要求，并由符合参加条件的供应商提交，方可被考虑授予合同。如一机构收到一项比所提交的其他投标书条件异常低的投标书，则该机构可询问该投标人，以保证该投标人能够遵守参加的条件并能够履行合同条款。

（b）除非一机构为了公众利益而决定不发包该合同，否则该机构应将合同授予已被确定完全有能力执行合同的投标人，且其投标书无论对于国内产品或服务，还是对于其他参加方的产品或服务，均为价格最低的投标书，或为根据通知或招标文件中所列具体评审标准被确定为最具优势的投标书。

（c）应依照招标文件列明的标准和基本要求授予合同。

可选条款

4.可选条款不得以规避本协定规定的方式使用。

第14条　谈判

1.一参加方在下列情况下可规定各机构进行谈判：

（a）在各机构已表明此种意向的采购中，即在第9条第2款所指的通知中（邀请供应商参加拟议采购的程序）；或

（b）如评审显示，就通知或招标文件中所列具体评审标准而言，任何投标书都不具明显优势。

2.谈判应主要用于确定投标书的优势和劣势。

3.各机构应将投标书视为机密。特别是，它们不得提供旨在帮助某些参加者将其投标书提高至与其他参加者相同水平的信息。

4.在谈判过程中，各机构不得在不同供应商之间造成歧视。它们特别应保证：

（a）参加者的排除应依照通知和招标文件中所列标准进行；

（b）对标准和技术要求的所有修改应以书面形式传送至参加谈判的所有其他供应商；

（c）向所有其他参加方提供机会，以便根据修改后的要求提出新的或修正的投标书：以及

（d）在谈判结束时，应允许谈判中所有其他参加者依照一共同的截止日期提交最后投标书。

第15条　有限招标

1. 第7条至第14条适用于公开和选择性招标程序的规定不需在下列条件下适用，只要有限招标不用以避免最大可能的竞争或构成在其他参加方的供应商之间造成歧视或保护国内生产者或供应商的手段：

（a）如果通过公开或选择性招标没有收到投标书，或如果提交的投标书是串通的，或不符合的招标基本要求，或来自不符合依照本协定规定的参加条件的供应商，但条件是在授予的合同中未对最初的招标要求进行实质性修改；

（b）如果对于艺术作品或因保护专利或版权等专有权利有关的原因，或由于技术原因而无竞争，产品或服务只能由一特定供应商供应，且不存在合理替代；

（c）在绝对必要的情况下，如由于有关机构未能预见的事件所造成的极为紧急的情况，产品或服务不能通过公开或选择性招标程序迅速供应；

（d）对于原供应商的附加供货，目地在于为现有供应或装置更换部件，或扩大现有供应、服务或装置，而如果更换供应商将迫使有关机构采购的设备或服务不能满足与现有设备或服务[1] 的互换性要求；

（e）一机构采购应其请求进行的研究、实验、考察或根据原始开发特定合同而开发的原型或第一个产品或服务。如此类

---

[1] "已有的设备"包括最初包括在本协定下的对软件的采购。

合同得以履行，则随后进行的产品或服务的采购应遵守第 7 条至第 14 条① 的规定；

（f）未包括在最初合同中的、但属原始招标文件目标范围内的附加建筑服务，由于无法预见的情况，成为完成合同所述建筑服务的必要内容，而且因技术或经济原因，将附加建筑服务与最初合同分离难以做到，或会给有关机构造成严重不便，有关机构需要将附加建筑服务的合同发包给实施有关建筑服务的原承包商。但是，所发包的附加建筑服务合同的总价值不得超过主合同数额的 50%；

（g）由重复提供类似建筑服务所组成的新建筑服务，这些服务共同构成一个基本项目，且最初合同的授予符合第 7 条至第 14 条的规定，且有关机构在关于该最初建筑服务的预定采购通知中已表明，在授予此类新建筑服务合同时可使用有限招标程序；

（h）在商品市场上采购的产品；

（i）对于在非常短的时间内出现的特别有利的条件下进行的采购。本规定旨在涵盖通常不属供应商的公司所进行的非正常处理，或对进行财产清算或财务清算的企业资产的处理。本规定无意涵盖正常的向供应商进行的例行采购；

（j）对于将合同授予设计竞赛获胜者的情况，只要竞赛是按与本协定一致的原则组织的，特别是关于向符合资格的供应商作出属第 9 条意义上的邀请参加此种竞赛公告的规定，此种竞赛应由独立评判委员会进行评判，并以将设计合同授予竞赛获胜者为目的。

2. 各机构应就根据本条第 1 款规定授予的每份合同准备书面报告。每份报告均应包含采购机构的名称、所购货物或服务的价值和种类、原产国以及对所适用的本条中条件的说明。该

---

① 对一种产品或服务的第一次原创开发，包括为得到实验结果或验证一定数量的某产品或服务的生产或供应可以达到可接受的质量而进行的有限的生产或供应，而不适用于为获得商业活力或弥补研发成本而进行的批量生产和供应。

报告应由有关机构保存，由负责该机构的政府主管机关处理，以便在第18条、第19条、第20条和第22条中的程序要求时使用。

第16条　补偿

1. 各机构在对供应商、产品或服务进行资格审查和选择时，或在评审投标书和授予合同时，不得强加、寻求和考虑补偿。①

2. 尽管如此，注意到一般政策因素，包括与发展有关的因素，一发展中国家在加入本协定时可就使用补偿问题进行谈判，如要求企业含有本地成份等。此类要求只用于参加采购程序的资格审查，而不用作授予合同的标准。条件应客观、明确规定和非歧视，并应列入该国的附录1中，可包括对属本协定管辖范围的任何合同强加补偿的明确限制。此类条件的存在应通知委员会，并包括在预定采购通知和其他招标文件。

第17条　透明度

1. 每一参加方应鼓励各机构阐明其据以接受来自非本协定参加方的供应商投标书的条款和条件，包括对竞争性招标程序的任何偏离或对运用质疑程序的说明，以使其自身的发包具有透明度，以及：

（a）说明其合同内容符合第6条（技术规格）的规定；

（b）在公布的采购通知中引用第9条，对于以WTO一官方语言公布的采购通知引用的是第9条第8款（预定采购的通知摘要）的情况，应包括据以接受来自本协定参加方供应商的投标书的条款和条件的指南；

（c）愿意保证其采购法规在一项采购期间通常不发生变更，如此类变更被证明不可避免，则保证可获得满意的补救方法。

---

① 补偿是政府采购中的一种手段，它运用国内控制、技术壁垒、投资要求、对等贸易或类似要求，促进本地区的发展和收支平衡。

2. 遵守第 1 款（a）项至（c）项所列条件的非本协定参加方的政府有权在告知各参加方的情况下，作为观察员参加委员会。

第18条　关于机构义务的信息和审议

1. 各机构应不迟于根据第 13 条至第 15 条确定中标后的 72 天，在附录 2 所列有关出版物上公布通知。这些通知应包括：

（a）中标的产品或服务的性质和数量；

（b）发包机构的名称和地址；

（c）中标日期；

（d）中标投标人的名称和地址；

（e）中标的价值或在评标过程中予以考虑的最高和最低报盘；

（f）在适当时，用以确定根据第 9 条第 1 款发布通知的方法或根据第 15 条提出的使用此类程序的理由：以及

（g）使用的程序类型。

2. 应一参加方的供应商的请求，每一机构应迅速提供：

（a）关于其采购实务和程序的说明；

（b）关于该供应商的资格申请为什么被拒绝、其现有资格为什么被取消以及为什么未被选中的原因的有关信息；

（c）对于未中标投标人，有关其投标书未被选中的原因及有关被选中投标书的特点和相对优势以及中标投标人的名称等信息。

3. 各机构应迅速告知参加投标的供应商有关合同授予的决定，应请求，应以书面形式告知。

4. 但是，各参加方可决定保留第 1 款和第 2 款（c）项包含的有关合同授予的某些信息，如发布此类信息则会妨碍执法，或违背公众利益，或损害特定公私企业的合法商业利益，或可能损害供应商之间的公平竞争。

第19条   关于各参加方义务的信息和审议

1. 每一参加方应在附录 4 所列有关出版物上，以能使其他参加方和供应商知晓的方式，迅速公布与本协定所涵盖的政府采购有关并普遍适用的任何法律、法规、司法决定、行政裁决和任何程序（包括标准合同条款）。每一参加方应做好准备应请求向任何其他参加方就其政府采购程序作出说明。

2. 属本协定参加方的未中标投标人的政府，在不损害第 22 条规定的情况下，可寻求保证该项采购以公平和公正的方式进行所必需的、关于合同授予的额外信息。为此，进行采购的政府应提供关于中标投标书的特点和相对优势以及合同价格的信息。通常后面的信息可由未中标投标人的政府披露，但该政府需谨慎地行使此权利。如果发布此信息会损害未来投标中的竞争，则此信息不得披露，除非经与提供该信息的政府进行了磋商并达成了协议。

3. 应请求，本协定所涵盖的机构的采购及各单项合同的信息应向任何其他参加方提供。

4. 向任何参加方提供的机密信息，如这些信息发布将妨碍执法，或违背公众利益，或损害特定公私企业的合法商业利益，或可能损害供应商之间的公平竞争，则未经提供该信息的参加方正式授权，不得披露。

5. 每一参加方应每年收集并向委员会提供其属本协定涵盖范围的采购的统计数字。此类报告应包含关于本协定项下涵盖的所有采购机构所授予合同的下列信息：

（a）对于附表 1 中的机构，对已发包的合同估价，包括最低限额以上和以下的所有合同，在全球范围内按机构进行的分类统计；对于附表 2 和附表 3 中的机构，对高于最低限额的已发包的合同估价，在全球范围内按机构进行的分类统计；

（b）对于附表 1 中的机构，对高于最低限额的已发包的合同的数量和总价，按机构及按统一分类制度对产品或服务的分类方式进行的分类统计：对于附表 2 和附表 3 中的机构，对高于最低限额的已发包的合同估价，按机构的类别及产品或服务的类别进行的分类统计；

（c）对于附表 1 中的机构，对以第 15 条所列举的每一种方式发包的合同的数量和总价，按机构及产品或服务类别进行的分类统计；对于附表 2 和附表 3 中的机构，对以第 15 条所列举的每一种方式发包的高于最低限额的合同总价；

（d）对于附表 1 中的机构，对从本协定相关附表中削减的已发包合同的数量和总价按机构的分类统计；对于附件 2 和附件 3 中的机构，对从本协定相关附表中削减的已发包的合同总价按机构的分类统计。

每一参加方应尽可能提供关于其机构所购产品和服务原产国的统计数字。为保证此类统计数字的可比性，委员会应就使用的方法提供指导。为保证对本协定涵盖的采购进行有效监督，委员会可经全体同意可修改（a）项至（d）项所规定的应提供的统计数字的性质、范围及所应使用的分类方法。

第 20 条　质疑程序

磋商

1. 如一供应商就在某项采购过程中存在违反本协定情况提出申诉，则每一参加方应鼓励该供应商与该采购机构进行磋商以寻求解决其申诉。在此类情况下，采购机构应对任何此类申诉给予公正和及时的考虑，且在不损害质疑制度的前提下寻求纠正措施。

质疑

2. 每一参加方应规定非歧视、及时、透明和有效的程序，以使各供应商对其有或曾有兴趣的采购的过程中产生的违反本协定的情况提出质疑。

3. 每一参加方应书面形式规定其质疑程序并使之可广泛获取。

4. 每一参加方应保证与本协定所涵盖采购过程的所有方面

有关的文件应保留 3 年。

5. 可对感兴趣的供应商规定一个启动质疑程序并通知采购机构的时限。该时限从已知或理应知道申诉依据时开始，但无论如何不得少于 10 天。

6. 质疑应由一法院或对采购结果无利害关系的公正独立的审查机构进行审理，该审查机构成员在任职期间应不受外部影响。如一审查机构不是法院，则该机构应接受司法审查，或应有规定下列内容的程序：

（a）可在提出意见或作出决定前对听取参与各方的意见；

（b）参与各方可被代表和陪同；

（c）参与各方应可参加所有程序；

（d）诉讼程序可公开进行；

（e）意见或决定应书面形式提出，并附作出意见或决定的依据的说明；

（f）证人可出席；

（g）文件可向审查机构披露。

7. 质疑程序应规定：

（a）快速的临时措施，以纠正违反本协定的行为和保持商业机会。此种行动可能造成该采购过程的中止。但是，质疑程序可规定在决定是否应采取此类措施时，可考虑到对利益相关各方包括公众利益所造成的重大不利后果。在此种情况下，应以书面形式提供不采取行动的合法理由；

（b）对质疑的理由进行评价并可能作出有关决定；

（c）对违反本协定行为的纠正或对所受损失或损害的赔偿，此类赔偿可限于为准备投标书或投诉所需的费用。

8. 为保护商业利益和所涉及的其他利益，质疑程序通常应及时完成。

第 21 条　机构

1. 应设立由每一参加方代表组成的政府采购委员会。委员会应选举自己的主席和副主席，并在必要时召开会议，但每年不得少于一次，目的在于向各参加方提供机会，就有关本协定运用或促进本协定目标实现的任何事项进行磋商，并履行各参加方可能委派给它的其他职责。

2. 委员会可设立工作组或其他附属机构，以执行委员可能赋予的职能。

第22条　磋商和争端解决

1. 应适用《WTO协定》项下的《关于争端解决规则与程序的谅解备忘录》（下称"《争端解决谅解备忘录》"）的规定，除非以下另有具体规定。

2. 如任何参加方认为由于另一个或多个参加方未能履行其在本协定项下的义务，或由于另一个或多个参加方实施无论是否违背本协定规定的任何措施，而使其在本协定项下直接或间接获得的利益丧失或减损，或阻碍本协定任何目标的实现，则该参加方为达成关于该事项的双方满意的解决办法，可向其认为有关的另一个或多个参加方提出书面交涉或建议。此种行动应迅速通知根据《争端解决谅解备忘录》设立的下述争端解决机构（下称"DSB"），任何收到该署名交涉和建议的参加方应对此予以积极考虑。

3. DSB有权设立专家组，采纳专家组和上诉机构的报告，就有关事项提出建议或作出裁决，监督裁决和建议的执行，以及在不可能撤销被认为不符合本协定的措施时或授权中止本协定项下的特许和其他义务，或授权就补救问题进行磋商，但是只有属WTO成员的本协定参加方可参与DSB就本协定下的争端进行的裁决或行动。

4. 专家组应在专家组设立后20天内提出包括下述内容的报告，除非争端各方另有议定：

"按照本协定的有关规定和（争端各方引用的任何其他适用协定名称）的有关规定，审查（争端方名称）在……文件中提交 DSB 的事项，提出以下调查结果以协助 DSB 作出该协定规定的建议或裁决。"

在一争端方援引本协定的规定和《争端解决谅解备忘录》附录 1 所列一个或多个协定规定的情况下，第 3 款应只适用于专家组报告中有关解释和适用本协定的部分。

5. DSB 设立审查本协定项下争端的专家组应包括政府采购领域的合格人士。

6. 应尽一切努力尽最大可能加快争端解决程序。尽管有《争端解决谅解备忘录》第 12 条第 8 款和第 9 款的规定，但是专家组仍应尝试在专家组组成和职权范围议定后不迟于 4 个月向争端各方提交最后报告，如有迟延，则不迟于 7 个月提交最后报告。相应地，还应尽一切努力将《争端解决谅解备忘录》第 20 条第 1 款和第 21 条第 4 款中设想的期限缩短至 2 个月。此外，尽管有《争端解决谅解备忘录》第 21 条第 5 款的规定，对于依据建议或裁决是否可以找到可行并与所适用的协议相一致的措施存在意见分歧的情况，专家组应尝试在 60 天内做出决定。

7. 尽管有《争端解决谅解备忘录》第 22 条第 2 款的规定，但是在《争端解决谅解备忘录》附录 1 所列除本协定外的任何协定项下产生的任何争端，均不得造成本协定项下特许或其他义务的中止，且本协定项下产生的任何争端不得造成上述附录 1 所列任何其他协定项下特许或其他义务的中止。

第23条　本协定的例外

1. 本协定的任何规定不得用于妨碍任何参加方在与武器、弹药或军事物资的采购有关或与国家安全或国防目的所必需的采购有关的基本安全利益方面，采取其认为必需的任何行动或不披露任何信息。

2. 在遵守关于此类措施的实施方式不得用于对条件相同的国家造成任意或不合理歧视或对国际贸易的变相限制要求的前提下，本协定的任何规定不妨碍任何参加方采取或实施下列措施：为保护公共道德、秩序或安全、人类和动植物的生命和健康或知识产权所必需的措施；或与残疾人、慈善机构或监狱囚犯产品或服务有关的措施。

第24条　最后条款

1. 批准和生效

本协定应于1996年1月1日对已列入本协定附录1的附表1至附表5中、并于1994年4月15日通过签字批准本协定的政府生效，或对截至该日期虽已签署本协定但尚需核准、且随后于1996年1月1日之前已核准本协定的政府① 生效。

2. 加入

任何WTO成员国的政府，或在《WTO协定》生效之日前已成为GATT1947缔约方但非本协定参加方的政府，可根据其与各参加方议定的条件加入本协定。加入在将说明议定加入条件的加入书交存WTO总干事后生效。本协定在申请加入的政府加入本协定后第30天对该政府生效。

3. 过渡安排

（a）香港和韩国可推迟至不迟于1997年1月1日实施本协定除第21条和第22条外的条款。如其实施有关规定的日期早于1997年1月1日，则应提前30天向WTO总干事作出通知。

（b）在本协定生效之日至香港实施本协定之日之间，香港与在1994年4月15日已成为1979年4月12日订于日内瓦、并于1987年2月2日修正的《政府采购协定》（"1988年协定"）的本协定参加方之间的权利和义务应适用1988年协定的实质性② 条款，包括该协定经修改或更正的附件，这些条款为其目的经引用已并入本协定，并在1996年12月31日之前保持有效。

（c）在既属本协定参加方又属1988年协定参加方之间，本

---

① 本协议中"政府"一词包括欧共体的成员政权。
② 1988年的协定的所有条款，但以下除外：序言、第7节，以及第9节的条款5（a）（b）和10以外的条款

协定的权利和义务应取代 1988 年协定项下的权利和义务。

（d）本协定第 22 条在《WTO 协定》生效之日前不得生效。在此之前，1988 年协定的第 7 条的规定应适用于本协定项下的争端解决和磋商，这些规定为其目的经引用已并入本协定。这些规定应在本协定项下的委员会主持下实施。

（e）在《WTO 协定》生效之日前，所指的 WTO 各机构应理解为指相应的 GATT 机构，所指的 WTO 总干事和 WTO 秘书处应分别理解为指 GATT1947 缔约方全体的总干事和 GATT 秘书处。

4. 保留

对本协定的任何规定均不得提出保留。

5. 国内立法

（a）接受或加入本协定的每一政府应保证在不迟于本协定对其生效之日，使其法律、法规、管理程序及其附件中机构实施的规则、程序和做法符合本协定的规定。

（b）每一参加方应将其与本协定有关的法律和法规的任何变更及此类法律和法规的执行方面的任何变更通知委员会。

6. 更正或修改

（a）任何更正、将一机构从一附件转入另一附件、或在特殊情况下与附录 1 至附录 4 有关的其他修改，应向委员会作出通知，同时附关于变更对本协定中议定适用范围可能产生的结果的信息。如更正、转换或其他修改仅属形式上的或微小的性质，则只要在 30 天内无异议即可生效。在其他情况下，委员会主席应迅速召开委员会会议。委员会应审议有关建议和关于补偿性调整的任何主张，以期维持权利与义务的平衡，以及保持采购范围与变更前本协定下双方同意的范围相当。如未达成协议，则该事项可依照第 22 条包含的规定进行起诉。

（b）如一参加方希望行使其权利，以政府对一机构的控制或影响已有效消除为由将该机构从附录 1 中去除，则该参加方应通知委员会。该项修改应在随后召开的委员会会议结束后次日生效，只要该会议不在自作出通知之日起少于 30 天内召开且对此修改未提出异议。如提出异议，则该事项可依照第 22 条包含的磋商和争端解决程序进行起诉。在考虑对附录 1 的上述修改和任何由此引起的补偿性调整时，应考虑取消政府控制或影响所产生的市场开放效果所带来的好处。

7. 审议、谈判和未来的工作

（a）委员会应每年审议本协定的实施和运用情况，同时考虑本协定的目标。委员会应每年审议期间向 WTO 总理事会通报进展情况。

（b）在不迟于本协定生效之日起第三年及此后定期，参加方应进行进一步谈判，以期在互惠基础上改进本协定，并尽最大可能在所有参加方之间实现本协定适用范围的扩大，同时注意到第 5 条与发展中国家有关的规定。

（c）各参加方应寻求避免采用或延长扭曲公开采购的歧视性措施和做法，并应在（b）项规定的谈判过程中寻求取消在本协定生效之日保留的措施和做法。

8. 信息技术

为保证本协定不对技术进步构成不必要的障碍，各参加方应经常在委员会中就在政府采购中使用信息技术的进展情况进行磋商，如必要还应谈判修改本协定。这些磋商的目的特别在于，保证通过信息技术的使用促进开展基于透明程序的公开、非歧视和有效的政府采购，并保证本协定项下涵盖的合同可以被明确鉴别，以及与一合同有关的所有可获得的信息可以被明确鉴别。如一方拟进行革新，则应努力考虑其他参加方就任何潜在问题表明的意见。

9. 修正

各参加方基于特别是在本协定实施过程中获得的经验可修正本协定。一旦本协定参加方依照委员会制定的程序同意此种修正，即应只对已接受修正的参加方生效。

10. 退出

（a）任何参加方均可退出本协定。该退出应在 WTO 总干事收到书面退出通知之日起 60 天期满后生效。任何参加方在收到此类通知后，可请求立即召开委员会会议。

（b）如本协定一参加方在《WTO 协定》生效之日起 1 年内未能成为 WTO 成员或不再为 WTO 成员，则该参加方应自同日起不再为本协定的参加方。

11. 本协定在特定参加方之间的不适用

任何参加方，如在自己成为参加方或在另一参加方成为参加方时，不同意在彼此之间适用本协定，则本协定不在该两参加方之间适用。

12. 注释、附录和附件

本协定的注释、附录和附件为本协定的组成部分。

13. 秘书处

本协定由 WTO 秘书处提供服务。

14. 交存

本协定应交存 WTO 总干事。总干事应迅速向每一参加方提供一份本协定经核实的副本，包括根据本条第 6 款、第 9 款进行的每一项更正或修改，本条第 1 款、第 2 款所述的批准或加入，以及本条第 10 款所述的每一退出通知。

15. 登记

本协定应依照《联合国宪章》第 102 条的规定予以登记。

16. 1994 年 4 月 15 日订于马拉喀什，正本一份用英文、法文和西班牙文写成，三种文本具有同等效力，除非本协定附录另有规定。

【注释】

本协定包括其附录中使用"国家"一词应理解为包括属本协定参加方的任何单独关税区。

对于本协定的单独关税区参加方，如本协定的措辞被冠以"国家（的）"一词，则此措辞应被理解为与该单独关税区有关，除非另有规定。

第 1 条第 1 款注意到有关限制性援助的一般政策因素，包括发展中国家有关去除此种援助的限制性条件的目标，只要各参加方还实行这种做法，本协定即不适用于对发展中国家的限制性援助的后续采购。

附录1（编者注：日本政府采购部分）

附表1至附表5列出本协定的适用范围：

附表1　中央政府机构

附表2　地方政府机构

附表3　其他所有依照本协定规定进行采购的机构

附表4　服务

附表5　建筑服务

综合注释

日本国

（仅以英语为正式版本）

附表1　进行本协议条款下的采购的中央政府机构

物资

最低限额：

130,000 SDR（SDR 为国际货币基金组织的特别提款权——译者注）

机构清单：

适用于会计法的所有机构表如下：

– 众议院	– 环境厅
– 参议院	– 冲绳开发厅
– 最高裁判所	– 国土厅
– 会计检查院	– 法务省
– 内阁	– 外务省
– 人事院	– 大藏省
– 总理府	– 文部省
– 公正取引委员会	– 厚生部
– 国家公众安全委员会（警察厅）	– 农林水产省
– 公害等调整委员会	– 通商产业省
– 宫内厅	– 运输省

– 总务厅	– 邮电省
– 北海道开发厅	– 劳动省
– 防卫厅	– 建设省
– 经济企划厅	– 自治省
– 科学技术厅	–

服务

最低限额：

施工服务	4,500,000 SDR
本协议范围内的建筑设计、	
工程和其他技术服务	450,000 SDR
其他服务	130,000 SDR

进行附表 4 下指定服务采购的机构清单：

适用于会计法的所有机构如下：

– 众议院	– 环境厅
– 参议院	– 冲绳开发厅
– 最高裁判所	– 国土厅
– 会计检查院	– 法务省
– 内阁	– 外务省
– 人事院	– 大藏省
– 总理府	– 文部省
– 公正取引委员会	– 厚生部
– 国家公众安全委员会（警察厅）	– 农林水产省
– 公害等调整委员会	– 通商产业省
– 宫内厅	– 运输省
– 总务厅	– 邮电省
– 北海道开发厅	– 劳动省
– 防卫厅	– 建设省
– 经济企划厅	– 自治省
– 科学技术厅	–

附表 1 的注释

1.适用于会计法的机构包括符合国家行政组织法所规定的这些机构的所有内部分支机构、独立机构、附属机构和其他机构以及地方分支机构。

2.不包括以转售或从事以销售为目的生产而进行的产品或服务的采购。

3.这项协议不适用于基于日本加入本协定时既存的法律和法规而发包给合作社或者协会的合同。

4.这项协议一般适用于防卫厅进行的经日本政府依据第二十三条第1段落的条款规定所决定的符合以下联邦供货分类（FSC）编号的采购：

FSC	品名
22	铁路设备
24	拖拉机
32	木工机械和设备
34	金属加工机械
35	服务和贸易设备
36	特别产业机械
37	农业机械和设备
38	建筑，采矿，挖掘，和高速公路维护设备
39	搬运设备
40	绳索、缆绳、链子，和配件
41	冷冻、空调，和空气流通的设备
43	泵和压缩机
45	给排水、供热和卫生设备
46	水净化和污水处理设备
47	管道、管材、软管和配件
48	阀门
51	手工工具
52	测量工具
55	木材，木工制品，胶合板和薄板

8130   线轴

8135   包装和包装材料

85   化妆用品

87   农业物资

93   非金属制成品

94   非金属原材料

99   其他

附表 2   进行本协议条款的采购的地方政府机构

物资

最低限额：200,000 SDR

机构清单：

符合地方自治权法的所有被称为"都"、"道"、"府"和"县"的地方政府机构以及所有指定都市列表如下：

– 北海道	– 岐阜县	– 佐贺县
– 青森县	– 静冈县	– 长崎县
– 岩手县	– 爱知县	– 熊本县
– 宫城县	– 三重县	– 大分县
– 秋田县	– 滋贺县	– 宫崎县
– 山形县	– 京都府	– 鹿儿岛县
– 福岛县	– 大阪府	– 冲绳县
– 茨城县	– 兵库县	– 大阪市
– 枥木县	– 奈良县	– 名古屋市
– 群马县	– 和歌山县	– 京都市
– 琦玉县	– 鸟取县	– 横滨市
– 千叶县	– 岛根县	– 神户市
– 东京都	– 冈山县	– 北九州市
– 神奈川县	– 广岛县	– 札幌市
– 新宿县	– 山口县	– 川崎市
– 富山县	– 德岛县	– 福冈市
– 石井县	– 香川县	– 广岛市

– 福井县	– 爱媛县	– 仙台市
– 山梨县	– 高知县	– 千叶市
– 长野县	– 福冈县	–

服务

最低限额:

施工服务	15,000,000 SDR

本协议范围内的建筑设计、

工程和其他技术服务	1,500,000 SDR
其他服务	200,000 SDR

进行附表 4 下指定服务的采购的机构清单:

符合地方自治权法的所有被称为"都"、"道"、"府"和"县"的地方政府机构以及所有指定都市列表如下:

– 北海道	– 岐阜县	– 佐贺县
– 青森县	– 静冈县	– 长崎县
– 岩手县	– 爱知县	– 熊本县
– 宫城县	– 三重县	– 大分县
– 秋田县	– 滋贺县	– 宫崎县
– 山形县	– 京都府	– 鹿儿岛县
– 福岛县	– 大阪府	– 冲绳县
– 茨城县	– 兵库县	– 大阪市
– 栃木县	– 奈良县	– 名古屋市
– 群马县	– 和歌山县	– 京都市
– 埼玉县	– 鸟取县	– 横滨市
– 千叶县	– 岛根县	– 神户市
– 东京都	– 冈山县	– 北九州市
– 神奈川县	– 广岛县	– 札幌市
– 新宿县	– 山口县	– 川崎市
– 富山县	– 德岛县	– 福冈市
– 石井县	– 香川县	– 广岛市
– 福井县	– 爱媛县	– 仙台市

- 山梨县　　　　　- 高知县　　　　　- 千叶市
- 长野县　　　　　- 福冈县　　　　　-

附表2的注释:

1. 符合地方自治权法的所有被称为"都"、"道"、"府"和"县"和指定都市的地方政府机构,包括其依据地方自治权法所设立的县长、市长、委员会和其他机构,所有内部分支机构、附属机构和地方分支机构。

2. 不包括以转售或从事以销售为目的生产而进行的产品或服务的采购。

3. 这项协议不适用于基于日本加入本协定时既存的法律和法规而发包给合作社或者协会的合同。

4. 这项协议不适用于在市场竞争环境下以日常赢利活动为目的而由地方政府机构发包的合同。这条注释不得用于回避本协定的规定。

5. 与运输使用安全有关的采购不包括在内。

6. 与电力的生产、传输以及配送有关的采购不包括在内。

附表3　依照本协定规定进行采购的所有其他机构

物资

基准额: 130,000 SDR

机构清单:

- 水资源开发公团
- 东海旅客铁道株式会社（注 a）
- 地域振兴整备公团
- 西日本旅客铁道株式会社（注 a）
- 森林开发公团
- 四国旅客铁道株式会社（注 a）
- 农用土地整备公团
- 九州旅客铁道株式会社（注 a）
- 石油公团（注 c）
- 日本货运铁道株式会社（注 a）

- 船舶整备公团（注 e）
- 日本电信电话株式会社（注 f）
- 日本铁路建设公团（注 a）
- 北方领土问题对策协会
- 新东京国际空港公团
- 海外经济协力基金
- 日本道路公团
- 国民生活研究中心
- 首都高速道路公团
- 日本原子能研究所（注 b）
- 阪神高速道路公团
- 日本物理化学研究所（注 b）
- 本州四国联络桥公团
- 公害健康被害补偿预防协会
- 住房和都市整备公团（注 a）
- 奄美群岛振兴开发基金
- 动力反应堆和核燃料开发事业团（注 b）
- 国际交流基金
- 环境事业团
- 日本育英会
- 国际协力事业团
- 私立学校教职人员共济组合
- 社会福祉和医疗事业团
- 国立教育会馆
- 年金福利事业团
- 日本艺术文化振兴会
- 金属矿业事业团（注 c）
- 日本学术振兴会
- 中小企业事业团
- 日本私立学校振兴财团

- 日本国有铁路清算事业团（注 d）
- 放松大学学园
- 简易保险福祉事业团
- 日本国家体育场和学校健康中心
- 劳动福祉事业团
- 社会保险误诊费用支付基金
- 中小企业退休金共济事业团
- 残疾人福利协会
- 雇佣促进事业团
- 日本中央竞马会
- 北海道东北开发公库
- 农林渔业团体职员共济组合
- 冲绳振兴开发金融公库
- 地方竞马全国协会
- 国民金融公库
- 农业者年金基金
- 环境卫生金融公库
- 日本自行车振兴协会
- 农林渔业金融公库
- 日本贸易振兴会
- 中小企业金融公库
- 日本经济发展研究所
- 中小企业信用保险公库
- 日本摩托车比赛组织
- 住宅金融公库
- 新能量和产业技术综合开发机构
- 公营企业金融公库
- 国际观光振兴会
- 日本开发银行
- 铁道整备基金

 – 日本进出口银行

 – 日本劳动研究机构

 – 帝都高速度交通营团（注 a）

 – 建筑业、清酒制造业、林业退职金共济组合

 – 日本烟草产业株式会社

 – 消防团员等公务灾害补偿等共济基金

 – 北海道旅客铁道株式会社（注 a）

 – 科学技术振兴事业团

 – 东日本旅客铁道株式会社（注 a）

 – 农畜产业事业团

服务

最低限额：

施工服务   15,000,000 SDR

本协议范围内的建筑设计、

工程和其他技术服务   450,000 SDR

其他服务   130,000 SDR

进行附件 4 下指定服务的采购的其他机构列表如下：

– 水资源开发公团	– 东海旅客铁道株式会社（注 a）
– 地域振兴整备公团	– 西日本旅客铁道株式会社（注 a）
– 森林开发公团	– 四国旅客铁道株式会社（注 a）
– 农用土地整备公团	– 九州旅客铁道株式会社（注 a）
– 石油公团（注 c）	– 日本货运铁道株式会社（注 a）
– 船舶整备公团（注 e）	– 日本电信电话株式会社（注 f）
– 日本铁路建设公团（注 a）	– 北方领土问题对策协会
– 新东京国际空港公团	– 海外经济协力基金
– 日本道路公团	– 国民生活研究中心
– 首都高速道路公团	– 日本原子能研究所（注 b）
– 阪神高速道路公团	– 日本物理化学研究所（注 b）
– 本州四国联络桥公团	– 公害健康被害补偿预防协会

－ 住房和都市整备公团（注 a）	－ 奄美群岛振兴开发基金
－ 动力反应堆和核燃料开发事业团（注 b）	－ 国际交流基金
－ 环境事业团	－ 日本育英会
－ 国际协力事业团	－ 私立学校教职人员共济组合
－ 社会福祉和医疗事业团	－ 国立教育会馆
－ 年金福利事业团	－ 日本艺术文化振兴会
－ 金属矿业事业团（注 c）	－ 日本学术振兴会
－ 中小企业事业团	－ 日本私立学校振兴财团
－ 日本国有铁路清算事业团（注 d）	－ 放松大学学园
－ 简易保险福祉事业团	－ 日本国家体育场和学校健康中心
－ 劳动福祉事业团	－ 社会保险误诊费用支付基金
－ 中小企业退休金共济事业团	－ 残疾人福利协会
－ 雇佣促进事业团	－ 日本中央竞马会
－ 北海道东北开发公库	－ 农林渔业团体职员共济组合
－ 冲绳振兴开发金融公库	－ 地方竞马全国协会
－ 国民金融公库	－ 农业者年金基金
－ 环境卫生金融公库	－ 日本自行车振兴协会
－ 农林渔业金融公库	－ 日本贸易振兴会
－ 中小企业金融公库	－ 日本经济发展研究所
－ 中小企业信用保险公库	－ 日本摩托车比赛组织
－ 住宅金融公库	－ 新能量和产业技术综合开发机构
－ 公营企业金融公库	－ 国际观光振兴会
－ 日本开发银行	－ 铁道整备基金
－ 日本进出口银行	－ 日本劳动研究机构
－ 帝都高速度交通营团（注 a）	－ 建筑业、清酒制造业、林业退职金共济组合
－ 日本烟草产业株式会社	－ 消防团员等公务灾害补偿等共济基金
－ 北海道旅客铁道株式会社（注 a）	－ 科学技术振兴事业团
－ 东日本旅客铁道株式会社（注 a）	－ 农畜产业事业团

附表 3 的注释:

1. 不包括以转售或从事以销售为目的生产而进行的产品或服务的采购。

2. 这项协议不适用于基于日本加入本协定时既存的法律和法规而发包给合作社或者协会的合同。

3. 这项协议不适用于在市场竞争环境下以日常营利活动为目的而由地方政府机构发包的合同。这条注释不得用于回避本协定的规定。

4. 对特定机构的注释:

(a) 与运输操作安全有关的采购不包括在内。

(b) 不包括会导致与核武器不扩散条约或关于知识产权的国际协定相违背的信息披露的采购。不包括与目的在于放射性材料的利用和经营的活动安全性有关的采购,以及反应核能紧急状态设施的采购。

(c) 不包括与地质和地球物理的勘测有关的采购。

(d) 不包括广告服务、建筑服务和房地产服务的采购。

(e) 不包括与私人公司共有的船的采购。

(f) 不包括与公共电子电信的设备及其操作安全有关的服务的采购。

(g) 除施工服务之外,不包括附录 4 下指定的服务的采购。

附表 4:

服务

按 MTN.GNS/W/120 所列举的通用服务,本协议涵盖下列服务:

(暂定的中央产品分类(CPC)1991)

- 51　　　建筑工程
- 6112　　汽车的保养和维修(注 1)
- 6122　　摩托车和雪地运动车的维护维修服务(注 1)
- 712　　 其他陆路运输服务(71235 陆路邮政运输除外)
- 7213　　有操作者的航海船只的租赁服务

- 7223　　　有操作者的非航海船只的租赁服务
- 73　　　　航空运输服务（73210空运邮政运输除外）
- 748　　　船货运输代理服务
- 7512　　　信使快递服务（注2）
- 　　　　　电信服务
- MTN.GNS/W/120

		对应的 CPC 分类
– 2.C.h.	– 7523	电子邮件；
– 2.C.i.	– 7521	语音邮件；
– 2.C.j.	– 7523	线信息和数据库修复；
– 2.C.k.	– 7523	电子数据交换（EDI）；
– 2.C.l.	– 7529	增强传真服务；
– 2.C.m.	– 7523	代码和协议转换
– 2.C.n.	– 7523	在线信息和数据处理（包括交易处理）

- 84　　　　计算机以及相关服务
- 864　　　市场调研和公众舆论调查服务
- 867　　　建筑设计、工程和其他技术服务（注3）
- 871　　　广告服务
- 87304　　装甲车服务
- 874　　　建筑物清洁服务
- 88442　　出版和印刷服务（注4）
- 886　　　金属产品、机器和设备的附带修理服务
- 94　　　　污水和废弃物处理、卫生设施和其他环境保护服务

附表4的注释：

注1：保养和维修服务中，不包括为了符合机构的规章而对汽车、摩托车和雪地运动车进行的特别检修。

注2：关于普通的信件的信使服务是不包括在内的。

注3：当建筑设计、工程与其他技术服务被单独采购时，不

包括以下服务：

　　– CPC 86712 建筑设计服务的最终设计服务；

　　– CPC 86713 合同管理服务；

　　–包括最终设计、说明和成本估价中的一项或者多项工作的设计服务，——或是 CPC 86722 的关于建筑基础和建筑结构的工程设计服务，或是 CPC 86723 的关于建筑物的机械和电力装置工程设计服务，或是 CPC 86724 的关于土木工程的工程设计服务；

　　– CPC 86727 在建筑施工和设施安装阶段的其他工程服务。

注 4：出版和印刷服务不包括含有保密信息的有关材料。

附表 5：

施工服务

定义：施工服务合同是指 CPC 51 下的以任何手段来实现土木或建筑工程的目标的合同。

CPC 51：

第 51 类列举的所有服务

最低下额：

对于附表 1 下的机构：4,500,000 SDR

对于附表 2 下的机构：15,000,000 SDR

对于附表 3 下的机构：15,000,000 SDR

综合注释：

1. 针对加拿大的货物和服务（包括施工服务）以及这些的货物和服务的供应商，本协议不适用于在附表 2 和附表 2 中列出的机构的采购。

2. 倘若在竞争中本协定参加方的机构不对参与竞争的日本的产品供应商或者服务提供商适用第 20 条的规定，日本的相应机构也不会把这项条款适用到这些参加方的产品供应商或者服务提供商。

附录 2

各参加方为公布第 9 条第 1 款规定的预定招标通知及第 18 条第 1 款规定的中标后通知所使用的出版物：

日本国

附表 1 官报

附表 2 县报、市报或与之相当的出版物

附表 3 官报

附录 3

各参加方为每年公布第 9 条第 9 款下的选择性招标程序中的合格供应商常设名单信息所使用的出版物：

日本国

附表 1 官报

附表 2 县报、市报或与之相当的出版物

附表 3 官报

附录 4

各参加方为公布与第 19 条第 1 款下的政府采购相关的普遍适用的法律、法规、司法判决、行政裁决及任何政府采购程序所使用的出版物

日本国

附表 1 官报与/或法令全书

附表 2 县报、市报或与之相当的出版物，或者官报与/或法令全书

附表 3 官报与/或法令全书

东日本建设业保证股份公司
预付款保证合同条款

（本公司保证的债务）

第1条　本公司，遵照本合同条款的规定，对与公共工程相关的，因应归责于接受了预付款的承包人（以下本则中称作"被担保人"）的事由引起保函中所记载的公共工程的债务不履行的发生，而导致发包人（以下本则中称作"受益人"）解除了该公共工程承包合同时，就受益人已支付了的预付款金额（已进行了完成部分支付时，加上该金额后的金额），扣除该工程已完成部分的相当金额后的余额（已支付的预付款金额中加入了完成部分已支付的金额时，以已支付的预付款的金额为限。以下称作"保证金"）代替被担保人支付。

（保证责任的开始与结束）

第2条　本公司的保证合同的相关责任，自本公司向被担保人收取了约定的保费时开始，至保证合同到期日结束。

2.前款规定之外的，经本公司确认的订立保证合同后一次性交纳保费的被担保人在合同订立后一次性交纳保费时，本公司保证合同的相关责任自本公司向该被担保人交付了保证证书时开始。

（保证期限间的限制）

第3条　保证期限以一年为限，但是，由于工期延长及其他事由超过了一年的保证期限时，不受此限制。

（免责）

第4条　本公司，对地震、火山爆发、暴风雨、水灾及其他自然灾害、战争（不论是否宣战）、事变、暴动及其他不能归责于被担保人的客观事由导致的承包合同解除，不承担支付保证金的责任。

（告知义务）

第5条　被担保人在，订立保证合同之际，必须就其保证申请书及规定的附属文件中记载事项的真实情况告知本公司。

（通知义务）

第6条　被担保人或受益人，在保证期间，与该公共工程有关，并涉及保证金支付义务发生的事实发生时，必须不迟缓地将该事实内容以书面形式通知本公司。

2.被担保人和受益人，因第一条的事由，欲解除承包合同时，必须事先通知本公司。

（变更承包合同时的相应措施）

第7条　被担保人，就其承包合同书及其附属文件中所记载的事项有了重大变更（工期的变更除外）时，必须不迟缓地将该变更内容通知本公司。

2.本公司，接到前款通知时，对被担保人和协议上的保证合同做相应变更。

（变更工期时的相应措施）

第7条之2　受益人应不迟缓地通知本公司与下列各项之一相符的事实。

一、进行了工期的变更时

二、基于债务履行相关的承包合同，在最终的会计年度以外的年度已支付了预付款的情况下，至该会计年度末其承包工程相当金额没有达到该会计年度的预定完成额时

三、遇到应归责于被担保人的事由造成未能按期完成工程的情况，而要求该被担保人继续完成该工程时

2.被担保人，能够代替受益人进行前款的通知。

3.本公司，接到了前两款的通知时，对1款1项的情况，随工期变更而相应变更保证期限；对同款2项的情况，延长保证期间期限延长至同款的承包工程相当金额达到预定完成额时

止；对同款 3 项的情况，延长保证期限至工程完工。

（保证合同的解除）

第 8 条　本公司，因受益人的责任，承包合同被解除时，无论受益人是否同意，均可解除保证合同。

2. 本公司，由被担保人申请，经受益人同意后，可以解除保证合同。

（保费的交纳）

第 9 条　被担保人在签定保证合同之际，应向本公司交纳保费。按下表左栏中标明的预付款金额，分别与同表右栏中各金额相对应的比率相乘得出的合计金额，为保费金额。但关于第 2 条第 2 款的被担保人一次性交纳保费的情况，保费应自该合同签订日的次日至次月的月末之间，在本公司规定的最终日期之前，向本公司交纳。

300 万日元以下	百分之 0.23
300 万日元以上、1000 万日元以下	百分之 0.36
1000 万日元以上、2000 万日元以下	百分之 0.38
2000 万日元以上、5000 万日元以下	百分之 0.38
5000 万日元以上、1 亿日元以下	百分之 0.40
1 亿日元以上	百分之 0.40

2. 本公司仅对与前款规定有关的被担保人，提供相应的必要的担保。

（保费的返还）

第 10 条　本公司仅限于依据 8 条 1 款的规定解除保证合同的情况，返还被担保人已付清的保费的十分之九。

2. 本公司拥有 16 条 1 款规定的对被担保人的求偿权或其他债权时，即使未到其期限日，亦可依据前款应当返还的保费等额相抵。

3. 本公司自向被担保人发出保费返还通知之日起，经过 3 年该被担保人未来领取时，该保费归本公司所有。

（保证金的赔付）

第 11 条　受益人，希望就保证金索赔时，在承包合同解除之后，应当不迟缓地提交保证索赔请求书及索赔金额的证明文件，附保证证书及其他应当参考的文件向本公司提出。

2．自保证期限到期日的次日起算，经过 6 个月之日止，受益人未提出前款的请求时，1 条中规定的本公司的债务消失。

3．当受益人提起依据 1 款索赔请求时，本公司可以参加以计算公共工程已完成部分的相当金额为目的的检查。

（保证金的分担）

第 12 条　根据本保证合同支付保证金时，同一承包合同附有其他保证合同时，本公司仅负担与按照本保证合同中的保证金额相对于全保额的比率相乘后算出的金额。

（调解及裁定）

第 13 条　本公司就应当支付的保证金，与受益人之间产生争议时，当事人双方，以书面形式各选出一名调解人，委托该调解人对争议作出判断。

2．前款中的调解人的意见无法达成一致时，各调解人必须通过协商选出一名裁定人对该争议作出裁定。

3．本公司与受益人对半负担必要的调解费用（含支付调解人的报酬），和裁定费用（含支付裁定人的报酬）。

（保证金支付日期）

第 14 条　本公司应自收到 11 条中规定的文件之日起算 30 日以内支付保证金。

（预付款使用的监查）

第 15 条　本公司为监查预付款的用途，可以在认为有必要的任何时候，对承包合同的相关文件及被担保人的办公场所、工程现场及其他场所进行调查，并可以就该调查内容要求被担保人或受益人作出详细证明报告或说明。

2．被担保人负有按照该合同保证申请书所记载的目的正确使用预付款的责任，必须提供本公司要求提供的必要文件。

3. 被担保人，领取预付款后，应当不迟缓地将该预付款存入由被担保人在从本条4款及6款中规定事项中所附的与本公司有委托合同关系的金融机关之中选定的金融机关中另设的预付款专用户头。

4. 被担保人，应向预托金融机关提供正当使用预付款的相关文件，在该文件未得到确认前，不得取用前款的存款。

5. 经确认预付款被不正当使用时，本公司可以委托预托金融机关中止第3款的存款的取用或采取其他措施。

6. 预托金融机关，依据本公司的委托可以对3款中存款的使用代行监查。

（求偿及代位）

第16条　本公司向受益人支付了保证金后，在已支付的保证金范围内，取得向被担保人的求偿权。

2. 为行使前款的求偿权，在同款的金额且不危害受益人权利的范围内，受益人对被担保人所拥有的权利由本公司代位取得。

3. 被担保人，即使对于本公司在未进行事先通知即支付了保证金的情况，就本公司依据1款权利的行使而支付的保证金全额，也应无异议地承担被追偿的债务。

（管辖法院）

第17条　与本保证合同有关的诉讼管辖法院，依据法律规定。

（法律适用）

第18条　本条款未规定的事项，适用日本法律。

（特别合同条款）

保证合同中，受益人为国家时，不适用预付款保证合同条款第13条的规定。

附则：关于对工程完成保证人赔付的保证条款

（本公司对工程完成保证人的支付）

第1条　由于应归责于承包人的事由导致承包人不履行基

于保证证书记载的公共工程承包合同的债务时，发包人可以解除该承包合同，但未解除承包合同，而要求工程完成保证人完成该工程并将该内容通知了本公司，工程完成保证人在完成其任务后，本公司依从本保证条款的规定，在发包人如果解除承包合同可以请求赔付的保证金的金额范围内，代替承包人向工程完成保证人支付其可以向承包人求偿的金额。

2. 前款中规定的发包人的通知，在提出该款所规定的完成公共工程请求后，当不迟缓地用书面形式作出。该书面通知中，必须记载与该请求相关的工程完成保证人的商号或名称、住所及发包人不请求工程完成保证人也可以解除该承包合同的内容。

（工程完成保证人的受益意思表示）

第2条　工程完成保证人如希望享受有关该保证金赔付的利益，在接受了发包人的完成公共工程请求之后，必须不迟缓地通知本公司。

2. 本公司，接到前款的通知后，对工程完成保证人提交有关前条规定的赔付金额（以下称作"赔付金"）的相关赔付证书（以下称作"赔付保证证书"）。

3. 工程完成保证人，在该保证合同保证期限内未作出第1款中规定的受益意思表示时，不能享受与本支付相关的利益。

（支付相关赔付责任的发生及消失）

第3条　本公司与这一赔付责任，自前条中规定的工程完成保证人作出意思表示时起发生，至工程完成保证人在保证合同的保证期限内未完成该工程而消失。

（赔付金的限额及赔付金额的计算）

第4条　本公司向工程完成保证人进行赔付时，关于本保证条款第1条中规定的保证金额的计算，照以下各项规定：

一、向工程完成保证人转让预付款的存款余额时，征求发包人的意见，该金额作为相当金额的预付款的返还来计算。

二、有应属于该公共工程已完成部分的临时搭建物和搬入资材向工程完成保证人转让时，征求发包人的意见后，按该工程已完成部分计算该部分。

2. 计算本保证条款中规定的工程完成保证人可以向承包人请求赔付的金额之际，向工程完成保证人转让了前款标明以外的但与该公共工程相关的物品时，本公司与工程完成保证人通过协议决定其金额。

3. 计算本保证条款第 1 条中规定的发包人可以请求赔付的保证金的相当金额之际，本公司可以参加该公共工程完成部分的检查。

（预付款、临时搭建物的转让）

第 5 条　本公司可以要求承包人就其预付款的存款余额、临时搭建物、搬入资材等向工程完成保证人转让或对此作出其他处理。

（免责）

第 6 条　因承包人持为使工程完成保证人得到赔付金的目的，而故意不履行承包债务，导致本保证条款第 1 条第 1 款规定的支付义务发生时，除工程完成保证人预先未知、诚实可信的情况外，本公司不承担赔付责任。

（告知义务）

第 7 条　工程完成保证人必须在接到本保证条款 2 条 1 款所规定的通知时，就被要求提供的文件所记载的事项的真实情况告诉本公司。

（通知义务）

第 8 条　承包人或工程完成保证人，与下述情形之一相符时，必须不迟缓地通知本公司。

一、承包合同书及其附属文件中记载的事项有重大变更，或应当涉及到公共工程相关的本公司的保证金或赔付金的支付义务的事实发生时。

二、工程完成保证人，就该公共工程完成之后的求偿，要求承包人设立保证人或已提供了担保物件时，或对承包人已经提供的或约定提供的担保物件发生变动或对此进行变更或处分时。

2.本公司，当承包人及工程完工保证人在无任何正当理由违反了前款规定时，对依据本保证条款 14 条 1 款的规定，在承包人未违反规定的情况下，本公司通过行使权利而能够取得但因其违反行为本公司无法取得的金额，可以从支付金金额中减去该金额，或向工程完成保证人请求支付该金额。

（保证合同的解除）

第 9 条　本公司，在因发包人的责任事由导致承包合同解除时，不论发包人及工程完成保证人同意与否，均可解除保证合同。

2.本公司，在承包人提出解除保证合同且经发包人及工程完成保证人同意的情况下，可以解除保证合同。

（赔付金的请求）

第 10 条　工程完成保证人希望得到赔付金时，在完成该承包合同中相关的公共工程后，应当不迟缓地向本公司提交赔付请求书、索赔金额证明文件及对承包人的求偿关系文件、以及关于该赔付金保证证书、工程转让证明书及其他参考文件。

（支付金的支付时间）

第 11 条　本公司，应当在收到前条所规定的文件之日的次日起算 30 日内支付该赔付金。但有因调查需要特别延长时间的情况等特别事由时，可以与工程完成保证人协商延长该期间。

（调解及裁定）

第 12 条　就本公司应当支付的赔付金，本公司与工程完成保证人之间有争议时，相关调解及裁定参照关于本公司就应当赔付的保证金与发包人发生争议时的规定。

（使用的监查）

第 13 条　对向工程完成保证人转让了预付款的存款余额的情况，本公司对该存款余额，参照对预付款的监查办法对该余额的使用进行监查。

（代位权）

第 14 条　本公司向工程完成保证人支付了赔付金后，在该赔付金的限额内，且不损害工程完成保证人的权利范围内，由本公司代位取得工程完成保证人对承包人所拥有的权利。

2. 工程完成保证人在领取赔付金时，必须向本公司交付必要的文件，以便本公司保全或行使前款的权利。

3. 工程完成保证人，当本公司为保全根据 1 款的规定将来可以取得的某些权利，请求承包人设立保证人，提供担保或采取其他必要措施时，工程完成保证人也必须照此行事。

4. 本公司，当工程完成保证人无正当理由，违反了 2 款或 3 款的规定时，可以从支付金中扣除依据 1 款的规定在未违反规定时本公司通过行使权利可以取得的金额，或向工程完成保证人请求赔付该部分金额。

（超出求偿额的赔付金的返还）

第 15 条　工程完成保证人在领取赔付金超出了承包人可以向本公司请求赔付的金额时，必须将超出部分返还本公司。

（对工程完成保证人的请求权）

第 16 条　工程完成保证人在接受了完成公共工程的请求后，由于应归责于公共工程完成保证人的事由导致该承包合同解除时，本公司向发包人支付的保证金超出了赔付金的限额时，本公司可就该超支部分向工程完成保证人请求赔付。

特则：关于中间预付款保证条款

（适用范围）

第 1 条　与本公司作出了预付款保证的公共工程有关的下列各项中记载的中间预付款保费的交纳，与本规则的规定无关。

一、根据预算决算及会计令临时特例（1946 年敕令第 558 号）第 4 条规定，经大藏大臣与各部、厅长协议，国家在当初的预付款中追加的中间预付款。

二、依据地方自治法施行规则（1947 年内务部令第 29 号）附则第 3 条第 2 款的规定，地方公共团体对当初的预付款中追加的中间预付款。

三、建设大臣承认的中间预付款

（保费的交纳）

第2条　被担保人，希望获得中间预付款保证时，应按中间预付款金额乘以百分之 0.065 算出的金额向本公司交纳保费。

特则之 2：关于公共工程合同保证的特别合同条款

（通过本特别合同条款保证的债务）

第1条　本公司，依从本特别合同条款的规定，为了能够顺利为公共工程的承包人（以下本特别合同条款中称作"被担保人"）提供公共工程相关合同的保证，有必要与被担保人之间签订就代替缴纳该承包合同相关的合同保证金的担保进行保证的特别保证合同（以下本特别合同条款中称作"合同保证特别合同"），在此范围内，当发包人（以下称作"受益人"）解除了本则第1条的承包合同时，以合同保证特别条款相关的保证证书中记载的保证金额为限，由于该承包人不履行债务而造成的损害的相当金额（以下本则中称作"特别合同保证金"）由本公司代替被担保人向受益人赔付。

（合同保证特别合同的变更）

第2条　被担保人，符合下列情形之一时，应不迟缓地通知本公司，必须进行合同保证特别合同的内容变更程序。

一、由于承包金额的变更及其他事由，有必要变更合同保证特别合同相关保证金额时

二、由于工期变更或其他事由，有必要变更保证期间时

2. 本公司，与下列情形之一相符时，可以解除合同

一、被担保人提出申请，经受益人同意时

二、受益人接受了申请时或得到了受益人的认可时

（特别合同保费的交纳等）

第3条　被担保人，按下表左栏中标明的预付款金额分别与同表右栏中各金额相对应的比率相乘得出的合计金额，为合同保证相关的保费，与本公司第9条1款交纳的保费一同向本公

司交纳。

300 万日元以下的金额	100 分之 0.45
300 万日元以上、1000 万日元以下的金额	100 分之 0.65
1000 万日元以上、2000 万日元以下的金额	100 分之 0.68
2000 万日元以上、5000 万日元以下的金额	100 分之 0.68
5000 万日元以上、1 亿日元以下的金额	100 分之 0.72
1 亿日元以上的金额	100 分之 0.72

2. 本则第 9 条第 2 款及第 10 条的规定，适用于前款的特别合同保费的交纳及返还。此时，本则第 10 条第 2 款中的"第 16 条第 1 款"换用为"本特别合同条款第 6 条援用本则第 16 条第 1 款"。

（特别合同保证金的赔付请求）

第 4 条　受益人，请求赔付特别合同保证金时，在解除承包合同之后，必须不迟缓地向本公司提出如下证明文件

一、特别合同保证金赔付请求书

二、索赔金额证明文件（限于本公司认为有必要时）

三、合同保证特别合同相关保证证书

四、需参考的其他文件

2. 本则第 11 条第 2 款的规定，适用前款的请求，在这种情况下，将写有"第 1 条"的地方换用为"本特别合同条款第 1 条"。

（履行状况的调查）

第 5 条　本公司为调查承包合同的履行状况，在认为有必要的任何时候，对承包合同的相关文件及被担保人的办公场所、工程现场及其他场所进行调查，并可以就此要求被担保人作出详细的证明报告或说明。

（本则规定的引用）

第 6 条　本则自第 2 条至第 5 条、本则第 12 条、本则第 14 条及本则第 16 条至 18 条的规定关于合同保证特别合同，本则第 13 条的规定为关于国外的受益人相关的合同保证特别合同，适用于合同保证特别合同。在此范围内，这些规定中写有的"保

费"与"特别合同保费","保证证书"与"合同保证特别合同相关保证证书","保证金"与"特别合同保证金",本则第 2 条中写有的"保证合同中"与"附合同保证特别合同的保证合同中","保证合同订立后"与"附合同保证特别合同的保证合同订立后",本则第 5 条中写有"保证合同的"与"附合同保证特别合同的",本则第 12 条中写有的"保证合同"与"附合同保证特别合同的保证合同",本则第 14 条中写有的"第 11 条"与"本特别合同条款第 4 条第 1 款",本则第 17 条中写有的"保证合同"与"附合同保证特别合同的保证合同"作用语互换。

公共工程用保证合同基本合同条款
瑕疵担保保证合同特别合同条款

公共工程用保证合同基本合同条款

（保证合同条款创设的宗旨）

本保证合同条款，以担保公共工程的确实履行及维持其国际性为目的，依据国际商会制定的"ICC 合同保函统一规则第524 号（ICC Uniform Rules for Contract Bonds No.524)"制定。

（保证债务的承担）

第 1 条　在保证期间内，由于应归责于债务人的事由造成的保证证书中记载的合同（以下称"主合同"）中的债务（以下称做"主债务"）的不履行（以下称做"债务不履行"）发生时，保证人以保证证书中记载的保证金额（以下称做"保证金额"）为限对债权人承担债务人的连带保证责任，保证主债务的履行。

2.前款中的主债务中，不含下列各项债务

（1）瑕疵担保债务

（2）依据主合同，债务人从债权人处领取了的预付款的返还债务。

3.第 1 款中规定的债务不履行中，应当包含由于主合同中规定的由债务人的原因导致了合同解除的事实发生时引起的债务不履行。

（保证债务的免除）

第 2 条　保证人，自支付了由于应归责于债务人的事由而导致的债务不履行发生时的保证金额起，前条所规定的保证人的债务（以下称做"保证债务"）及特别合同条款中规定的保证人的债务消失。

2.除前款外，由于应归责于债务人的事由，导致债务不履行发生时，保证人按照自己的选择，与前条规定无关，代替债务人履行了主债务时，或，由经债权人确认且依主合同继承了债务人的权利义务的第三者（以下称做"代替履行承包人"）履行了主债务时，保证人的保证债务消失。

3.保证人依据前款规定对因代替履行承包人履行主债务而增加的费用（是指从为履行主债务的必要费用中扣除应由债权人或第三人支付的金额外合理的必要的费用），向代替承包人支付。

（保证责任期限）

第3条　保证人，自保证期限到期日的次日起算，经过6个月期限，未接到债权人的履行保证义务的请求时，保证债务免除。

（由债权人通知）

第4条　债权人在知晓了以下事实的发生时，应当不迟缓地通知保证人。

（1）债务人不履行债务或违反主合同或保证人应当履行保证债务的事实发生时。

（2）有与债务人有关的停止支付、破产或和解协议开始、公司整顿程序开始、公司整理开始或特别清算开始等申请时。

（3）与债务人的财产有关的，被开始强制折价程序、接到了暂时查封命令、或保全查封的通知时。

（4）债务人受到金融机关或票据交换所的停止交易处分时。

（5）债务人的商号、名称、或姓名或住所进行了变更时，及债务人为法人时，变更了法人代表时。

（6）由于债务人未及时提供变更后的住所等应归责于债务人的事由，导致债务人所在不明时。

2.债权人接到从债务人处得到承包金额债权转让通知时，应当不迟缓地将该事实书面通知保证人。

3.债权人在进行以下各项承诺时，应当事先将其内容书面通知保证人。

（1）根据债务人的申请，拟同意债务人对其债权的转让时。

（2）根据债务人的申请，拟同意由第三者代理领取工程款时。

4. 债权人，应在主债务已被完全履行或主债务消失时，及时书面证明通知保证人。

5. 关于以上几款中规定的事实，保证人已从债务人处得到通知或经保证人认可不需要债务人的通知时，债权人可以不必进行通知。

（主合同内容的变更）

第 5 条　债权人在需要变更主合同内容时，发生了以下各项事实时，应不迟缓地附书面证明通知保证人。

（1）随设计的变更而变更了主合同时。但因微小的设计变更而相应作出的合同变更除外。

（2）变更了承包金额时。但预计变更金额在承包金额的 30% 以下时除外。

（3）部分或全部工程中止施工时。

（工期的变更）

第 6 条　债权人欲变更工期时，应事先及时书面证明通知保证人。但经保证人确认确无通知必要的情况除外。

2. 保证人在接受了前款的通知时，保证期间随工期的变更而变更。

（履行保证债务的请求）

第 7 条　债权人欲就保证证书索赔时，必须向保证人提出附下列文件的保证证书。

（1）履行保证债务请求书

（2）证明债务不履行的事实及请求金额的文件

（3）保证人认为进行损害调查必需的其他文件

（履行保证债务开始期限）

第 8 条　保证人，自收到债权人代替履行请求书的次日起算 30 日以内开始履行保证债务。但是，在此期间，无法完成必要的调查时或有其他特殊理由时，延长此期间至调查结束，之后应立即开始履行保证债务。

（保证合同的解除）

第9条 由债权人事先对保证人进行通知，可以解除保证合同。

2. 保证人，经债权人同意后，可以解除保证合同。

（无效保证合同）

第10条 在订立该保证合同时，债权人有欺诈行为（包括债权人就主债务的相关内容及其他保证履行相关的重要事实，作出了不真实的陈述时），该保证合同为无效合同。

（禁止转让或抵押）

第11条 保证人，依据保函承担保证人的债务，除非经由债权人请求并由保证人事前作出书面承诺，即使有债权转让或抵押的事实发生，依然按照保函的规定，不对受让人承担履行责任。

（代位等）

第12条 保证人，履行第1条中规定的保证债务时（含依据第2条规定的允许保证人的保证债务免除的情况），在不损害债权人的权利范围内，由保证人代替债权人，代位取得对债务人所拥有的一切权利，或如果转让，为确保保证人的权利，应采取一切必要的措施。

2. 债权人在协同保证人向债务人回收债权时，从债务人或其他人处回收到的债权中，应由保证人取得的回收金额应当立即向保证人支付。

（基本合同条款的用语替换）

第13条 保证人，依从第2条第2款的规定，在代替履行业者履行主债务时，同条第1款的规定中除外，本合同条款中所有使用"债务人"的用语均换用为"代替履行业者"。

（管辖法院）

第14条 关于本保证合同的诉讼、和解及仲裁，由对保证人的总部或保证证书中所记载的营业部的所在地有管辖权的法院为管辖法院。

(适用法律)

第 15 条　在本合同条款中未做出规定的事项，适用日本法律。

瑕疵担保保证合同特别合同条款

(本特别合同条款，适用于在保证证书上的"特别合同条款"栏中的"瑕疵担保保证特别合同条款"处标有○印记时)

(瑕疵担保债务的承担)

第 1 条　保证人，依本特别合同条款，与公共工程用保证合同基本合同条款 (以下称做"基本合同条款") 1 条 2 款 1 项的规定无关的，在保证证书记载的瑕疵保证的期限内 (以下称做"瑕疵保证期间") 内，债权人向债务人，或根据基本合同条款 2 条 2 款的规定继承了债务人的权利义务的第三人 (以下称做"债务人等")，提出修补瑕疵或代替修补或修补的同时提出损害赔偿的请求时，由应归责于债务人等的事由导致基于保证证书记载的合同 (以下称做"主合同") 中的瑕疵担保债务 (以下称做"瑕疵担保债务") 不履行 (以下称做"债务不履行") 发生时，以保证证书中记载的瑕疵保证金额 (以下称做"瑕疵保证金额") 为限，向债权人对债务人的连带履行瑕疵担保债务进行保证。

(瑕疵担保债务的免除)

第 2 条　保证人，由于应归责于债务人的事由导致债务不履行发生时，自向债权人支付了瑕疵担保金额的任何时候，即为前条规定的保证人的债务 (以下称做"瑕疵担保债务") 免除之时。

2. 前款之外的，由于应归责于债务人等的事由，导致债务不履行发生的情况下，依据保证人的选择，与前条规定无关，代替债务人等履行了其瑕疵担保债务时，或经债权人同意，且由依据主合同继承了债务人等的权利义务的第三人（以下称做"本特别合同上的代替履行业者"）履行了瑕疵担保债务之时为瑕疵保证债务免除之时。

3. 保证人，依据前款规定由本特别合同上的代替履行业者履行瑕疵担保债务的情况，为此发生的修补费用（是指为修补瑕疵必要的费用，亦即必要且妥当的费用），应当向本特别合同上的代替履行业者支付。

（请求修补瑕疵的通知）

第3条　债权人因工程标的物有瑕疵，向债务人提出了修补瑕疵、代替修补或修补的同时，还提出赔偿损失的请求时，应不迟缓地将该请求内容附书面证明通知保证人。

（瑕疵担保责任期限）

第4条　保证人，自瑕疵担保期限到期日的次日起算，经6个月未接到债权人发出的前条中规定的通知时，瑕疵担保债务即免除。

（特别合同条款的用语替换）

第5条　保证人，依照基本合同条款2条2款的规定，由本特别合同条款上的代替履行者履行瑕疵担保债务时，同条第1款的规定除外，本特别合同条款中使用"债务人等"用语的，换用为"本特别合同条款上的代替履行业者"。

（基本合同条款的用语替换）

第6条　在本特别合同条款之中，凡使用"主债务""保证债务""债务人"用语的分别换用为"瑕疵担保债务""瑕疵保证债务""债务人等"。

（与基本合同条款的关系）

第7条　本特别合同条款未规定的事项，在不违反本特别合同条款规定的前提下，适用基本合同条款的规定。

履行保证保险普通保险合同条款
履行保证保险定额填补特别合同条款

第1章 本公司的责任

（支付保险金的情况）

第1条 本公司，依照本合同条款，在保险合同人即债务人，就保单中记载的合同（以下称做"保单记载合同"）不履行其债务时，对被保险人即债权人遭受的损害支付保险金。

（保险责任的开始及结束）

第2条 本公司的保险责任，自收取了保险费时开始，至支付了下诉保险金时结束：

（1）保险合同人或保单记载合同相关保险合同人的保证人（包含工程完成保证人，以下称做"保证人"）履行了保单记载合同的相关债务；

（2）保险合同人或保证人对违约责任履行了损害赔偿债务时；

（3）本公司支付了前条（支付保险金的情况）中规定的保险金时。

（保险免责条款——之一）

第3条 本公司对由于保险合同人或该法定代理人（保险合同人为法人时，为该理事、董事或执行法人业务的其他机关）的故意或重大过失造成的损害，不支付保险金。但是，基于损害发生的事实，被保险人是诚实可信的情况，不受该限制。

2.本公司，对因下列事由造成的损害不支付保险金。

但是，因保险合同人的原因导致损害发生的情况，不受此限。

（1）战争、外国行使武力、革命、政权争夺、内乱、武装叛乱及其他类似事变或暴动（在本合同条款中，是指由聚众或多数人的集团行动对全国或一部分地区的安全造成了显著的危害，被确认为扰乱了公共安全的重大事态发生的状态）

（2）地震、火山爆发、海啸、洪水、潮汐或台风

（3）核燃料物质（包括使用完毕的燃料。下同）或由于核燃料的污染物（包含原子核分裂生成物）的放射性、爆发性及其他有害特性的作用或这些特性为起因的事故。

（4）前项中做出规定以外的放射线照射或放射能污染。

3. 本公司对前条各款规定以外的由非归责于保险合同人的客观事实造成的损害不支付保险金。

4. 本公司对保单记载的合同标的完成后（建筑物工程承包合同是指标的物完成交付后）发现的必要的瑕疵修补费用，不支付保险金。

（保险免责条款——之二）

第 4 条　本公司，在被保险人进行 16 条（损害发生时的程序）1 款的程序以前，若未解除或中止保单记载合同则不支付保险金。

（保险金的支付额——之一）

第 5 条　保单记载合同为建筑承包合同时，根据第 1 条（支付保险金的）本公司应支付的保险金额为中止、解除承包合同时并依据工程的标的物所在地的标准计算出的工程未完成部分（包含对完成部分的中止、解除后要求修补的情况的部分。但是，仅限于被保险人进行了善意谨慎管理的情况。下同）的再发包合同额和工程未完成部分的相当价额之间的差额。但该金额超出了保险金额时，在保险金限额内支付。

2. 前款的再发包合同额应为为完成与该承包合同为同一内容的建筑工程的未完成部分的必要的、被普遍认为妥当的价额，不包含以下金额：

（1）第 3 条（保险免责条款——之一）因第 2 款及第 3 款的

事由或因应归责于被保险人的事由，造成的建筑工程的标的物或建筑材料的损害，对其进行恢复的必要的金额。

（2）由第3条（保险免责条款——之一）因第2款及第3款的事由等在该承包合同订立时一般无法预知的事由所引起的经济条件的显著变动而带来的增加额。

（保险金的支付额——之二）

第6条　保单记载合同为以保险合同人为卖主的买卖合同时，或为建筑承包合同以外的承包合同时，由本公司根据第1条（支付保险金的情况）所应支付的损害赔偿保险金额为：在被保险人解除了保单记载合同的情况下，为再发包合同额与保单记载合同上的价额之间的差额。在被保险人中止了保单记载合同的情况下，为保单记载合同的未履行部分（包含未履行部分与中止后不履行为同样状态的情况。但是，仅限于被保险人尽了管理者的善意谨慎维护的责任时。下同）的再发包合同额与相当于未履行部分价额之间的差额。但是，该差额若超出了保险金额，以保险金额为限进行支付。

2. 前款的再发包合同额应为：保单记载合同的在解除、中止时及依据已履行部分的计算标准算出的为完成与保单记载合同中的同一标的应当支付的必要的被普遍认为妥当的金额，不含以下金额：

（1）对因第3条（保险免责条款——之一）第2款及第3款的事由或因应归责于被保险人的事由，造成保单记载合同的标的物及被保险人已支付了的材料的损害进行恢复的必要金额。

（2）因第3条（保险免责条款——之二）第2款及第3款的事由等，及在订立保单记载合同时一般无法预知的事由所引起的经济条件的显著变动带来的增加额。

（保险金的支付额——之三）

第7条　保单记载合同为非第5条（保险金支付额——之一）或前条（保险金支付额免责条款——之二）的规定中的合同时，由本公司依据第1条（支付保险金时）所应支付的保险金为由于保险合同人不履行其债务而使被保险人遭受到的一般认为是妥当的损害额。但是，该金额超出了保险金额时，以保险金额为限支付。

（另有其他保险合同时的保险金支付额）

第 8 条　依据第 1 条（支付保险金时）应当支付保险金的，并同时签有其他保险合同时，总保险金额超出了损害（限于根据这些保险合同应向被保险人支付的损害）额时，依以下计算方式计算出的金额为本公司支付的保险金。

$$损害金额 \times \frac{该保险合同的保险金额}{各个保险合同的保险金额的合计额} = 保险金支付额$$

第2章　告诉义务、通知义务等

（告诉义务）

第 9 条　保险合同订立之时，由于保险合同人或其代理人的故意或重大过失，依据保险合同申请书及其附带文件的记载事项，对本公司有未告诉的事实或告诉了不真实的情况时，本公司可以通过向保单中记载的保险合同人的住所地址发出书面通知来解除保险合同。

2. 前项的规定，不适用以下情况：

（1）无前款中的未告诉事实或不真实的告诉时

（2）本公司订立保险合同时，对前款中未告诉的事实已知晓，或由于自己的过失而不知时

（3）被保险人诚实可信时

（4）本公司自知道了前款中规定的未告诉的事实或不真实的告诉后，30 日内未解除保险合同时

（5）前款中规定中的未告诉事实与不真实告诉，预计不会对本公司造成危害时

（6）保险合同人或被保险人，在第 1 条规定的（支付保险金时）的损害发生前，就保险合同申请书及其附带文件向本公司提出了书面的更正申请，本公司对此予以承认时。在接受了

其更正申请后，限于保险合同订立当时，保险合同人或被保险人告知了本公司应当更正的事实之后，本公司仍然承认已订立的合同时，本公司应对此予以承认。

3.损害发生后，第1款被解除，本公司不支付保险金。假如已经支付了的保险金，本公司可以请求返还。

（通知义务）

第10条　保险合同人或被保险人，在保险合同订立之后，知晓了以下的事实发生时，必须立即用书面形式将该事实内容通知本公司。

（1）已经或准备订立重复保险合同

（2）保险合同人或被保险人的合并、清算、解散、整理或破产、和议开始，申请公司整理开始或公司整顿程序开始时

（3）保单记载合同内容的变更

（4）对保单或保险合同申请书及其附件的记载事项予预进行重大变更或已发生了重大变更时

（5）前几项的情况之外，对保险金支付义务的发生有重大影响的事实发生时

2.保险合同人或被保险人无任何正当理由延误了前款程序时，本公司，对保险合同人或被保险人自知道了该事实的发生起至本公司接到了前款的通知之间发生的损害，有免责权。

（关于关系文件及履行状况的调查）

第11条　本公司，随时可以对保单记载合同有关的文件或其履行状况进行调查，并就此对保险合同人或被保险人要求必要的说明或证明。

2.被保险人，无正当理由，妨碍了前款中规定的本公司的权利时，本公司有免责权利。

（无效保险合同）

第12条　保险合同订立之时，已有下列事实存在时，该保险合同为无效合同。

（1）关于保险合同，被保险人或其代理人有欺诈行为时

（2）被保险人，对第1条（支付保险金的情况）的损害的发生或其发生原因，已经知道、预见或应当能够知道、预见时。

（保险合同的失效）

第13条　下列情形中，自该事实发生时起可以认做保险合同失去效力。但，本公司事先以书面形式做出承诺的情况不在此范围内。

（1）变更了被保险人时

（2）保单记载合同的内容进行了重大变更时

（保费的请求）

第14条　对第9条（告诉义务）第2款6项做出认可时或进行了第10条（通知义务）1款2项至5项的通知，经确认有必要请求追加保险费用时，本公司就依据变更前的保险费与变更后的保险费的差额计算出的金额作为请求追加的保险费。

（保险费的返还）

第15条　本公司，在任何情况下概不退还保险费，但，对应归责于本公司的事由导致保险合同无效时，自保险合同失效时及合同被解除时，将保险费的总额按日为单位分割后计算出保险合同未履行期间的费用并返还。

第3章　损害的发生

（损害发生时的程序）

第16条　被保险人，必须在知晓了第1条所指（支付保险金的情况）的损害发生时，应立即用书面形式将该事实通知本公司，自知道损害发生之日起30日内或本公司认可的考虑时间内，将以下的文件附保单向本公司提出。

（1）保险金请求书

（2）请求金额的计算书

（3）其他本公司认为有必要应提供的文件

2. 被保险人，无正当理由违反了前款的规定时或就提出的文件未陈述已知的事实或进行了不真实的陈述时，本公司不支付保险金。

（评价人及裁定人）

第17条　关于损害赔偿金额，本公司与被保险人之间产生争议时，当事人双方以书面形式各选出1名评价人对该争议进行判断。如果，评价人之间的意见无法达成一致时，由双方评价人选出1名裁定人对该争议进行裁定。

2. 对自己选定的评价人的费用（含报酬）由当事人各自负担，关于其他费用（包含给裁定人的报酬），由当事人双方各负担一半。

（保险金的支付期限）

第18条　本公司在自被保险人按照第16条（损害发生时的程序）的规定进行了该程序后的30日以内，支付保险金。但是，本公司在此期间无法完成必要的调查时，应在该调查结束之后，立即支付保险金。

（代位）

第19条　本公司，支付了对第1条（支付保险金的情况）的损害赔偿保险金时，以支付了的保险金为限，且在不侵害被保险人的权利范围内，代位取得被保险人拥有的权利。

2. 被保险人，在领取了保险金后，在不侵害被保险人的权利范围内，为便于本公司保全或行使取得的前款权利，必须向本公司交付必要的文件。为此而发生的必要费用，由本公司负担。

3. 被保险人，在第1条（支付保险金的情况）的损害发生时，在不损害被保险人的权利范围内，为便于本公司保全或行使该权利，必须协助本公司获取必要的证据及文件。

4. 被保险人无正当理由违反了第2款或第3款的规定时，本公司即按照通过行使第1款规定的权利可以取得但由于该违反而导致无法取得的金额，向被保险人索赔。

第4章　其他

（法律适用）

第20条　本合同条款未规定的事项，依照日本法律的规定实施。

履行保证保险定额填补特别合同条款

（保险金的支付额）

第1条　依照本特别合同条款，与履行保证保险普通保险合同条款（以下称做"普通合同条款"）自第5条（保险金的支付额——之一）至第7条（保险金的支付额——之三）的规定无关，就保单记载合同中的保险合同人即债务人不履行其债务时，对已预定了损害赔偿额的情况，本公司应支付的该损害赔偿保险金为该预定额。

（适用规定）

第2条　本特别合同条款未做规定的事项，在不违反特别合同条款的宗旨下，适用普通合同条款的规定。

参 考 文 献

• 损害保险实务讲座第 8 卷《新种保险（下）》. 编集：东京海上火灾保险株式会社. 发行：有斐阁 1984 年 1 月

• 金融担保法讲座第 1 卷《担保制度一般担保权》. 编集：米仓明•清水湛•岩城谦二•米仓稷威雄•谷口安平. 发行：筑摩书房 1985 年 11 月

• 《新公共工程招投标合同制度》. 监修：建设省建设经济局建设业科. 编集：建设业振兴基金、建设业推进公平交易机构. 发行：尚友出版 1993 年 1 月

• 《合同保函统一规则》. 翻译：草刈耕造. 发行：国际商业会议所日本国内委员会 1994 年 1 月

• 《新公共招投标合同制度实务手册》. 监修：建设省建设经济局建设业科. 编集：招投标制度问题研究会. 发行：大成出版社 1994 年 10 月

• 《举行招投标参与手续的探讨研究》. 编集：总务厅行政监察局. 发行：大藏省印刷局 1994 年 6 月

• 《有关公共工程的新履行保证体系》. 监修：建设省建设经济局建设业科. 编集：公共工程履行保证研究会. 发行. 1995 年 2 月

• 《新订公共工程标准合同条款的解说》. 编集：建设业法研究会　发行：大成出版社 1995 年 6 月

• 《地方自治法和行政手续》. 编集：室井力•纸也健二. 发行：新日本法规出版 1996 年 5 月

• 《招投标合同制度的现状和课题》. 编集：总务厅行政监

察局．发行：大藏省印刷局 1996 年 6 月

 •《WTO 有关政府采购协定（附主要关系法令等）》．编集：外务省经济局 1997 年 1 月

 •《现代法律体系　地方自治法》．著者：兼子芳男．发行者：阿部耕一．发行：（株）成文堂　1997 年 2 月

索　引

80. 公告期间

81. 工程完成保证人

82. 工程完成保证人制度

83. 完全废除工程完成保证人制度的实施

84. 工程完成保证人制度的废止状况

85. 工程希望型指名竞争性招投标

86. 缺乏公平性

87. 确保公平性

88. 公募型指名竞争招投标

89. 公募型指名竞争性招投标制度的实施

90. 国债

91. 确保国际性

92. 国际商会

93. 国债等借款余额

94. 联合国国际商法委员会（UNCITRAL）

95. 合同保函（日：契约保证证券，同英文：Contract Bond——译者注）

96. 债权放弃

97. 财政法

98. 最低限制价格

99. 最低投标价格

100. 最低投标价格的限制

101. 再次招投标业务负担的减轻

102. 财务规则

103. 通过财务规则和合同规则规制

104. 债务超出

105. 债务保证

106. 再发包合同

107. 再发包管理费用

108. 再发包手续

138. 出纳主管

139. 见索即付保函（日：请求支付保证，同英文：On – demand Guarantee）

140. 承付保函（Demand Guarantee）统一规则（ICC 458 号规则）

141. 采用限制性一般竞争招投标

142. 关于政府采购的协定

143. 政府保证债务余额（指中央政府对地方政府或其他政府机构所担保的债务余额）

144. 政府预算

145. 总承包公司

146. 设计价格

147. 设计价格的事前公开

148. 拍卖

149. 邀标

150. 继续发生行贿受贿

151. 保额的预定

152. 损害赔偿金

153. 第三方监督委员会

154. 大臣许可业者

155. 替补承包商

156. 代为履行

157. 世贸组织（WTO）

158. 围标

159. 围标的特性

160. 围标的继续发生

161. 地区限定型一般竞争招投标

162. 地区优先的限制

163. 知事许可业者

164. 地方公共工程合同业务联络协议会

222. 保留金保证（日：保留金保证，同英文：Retention Guarantee）

223. 累计赤字

224. 连锁破产

225. 连锁破产的扩大

译 者 后 记

　　2001 年秋在一次国际商会的工作会议上，笔者结识了本书作者草苅先生并获赠本书及有关本书内容的英文介绍资料，当时就对本书所介绍的有关日本推行公共工程的新履行保证制度及其实施效果感到浓厚的兴趣。但笔者当年学的日文已经基本忘光了，为了进一步深入了解本书的内容，就去请教在日本获得博士学位的我院高级访问学者顾林生博士。顾博士曾是联合国区域发展中心的官员，一直对于如何增强中国公共工程采购中的透明度的问题非常关注。看到此书后如获至宝，立刻建议我们合作将本书翻译成中文。之后顾博士借往返日本的机会与苅先生进行了面谈。草苅先生也欣然接受了我们的建议，不仅授权我们翻译本书，还特地安排正师从他的中国留学生黄湘露女士参与到我们的翻译小组，共同致力于本书的翻译工作。

　　笔者在 2000 年写作有关工程担保制度的博士论文时，就收集过一些有关日本工程担保制度的资料。了解到日本在公共工程的招投标中刚于 1996 年废弃了其本土首创的被称为"工事完成保证人"制度，也就是笔者后来在拙作《中国工程保证担保制度的研究》一书中总结为"替补承包商"模式的保证担保制度，而转向了"新履行保证制度"，这种保证担保制度与书中所称"高保额"的美国模式有许多类似之处，只是其保额仅为合同价的 30% ~ 40%（这也远比通常 10% 的"低保额"模式为高。）但考虑到日本公共工程中还另外同时设定 30% ~ 40% 的预付款担保，两者之和就达到了合同价的 60% ~ 80%，是名副其实的高保额模式。尽管当时对发生这一转变的原因并不十分清楚，但仅仅基于理论分析笔者就猜想原来的替补承包商模式很可能是"围标"这一腐败现象在日本广泛流行的重要诱因，同时还可导致建筑企业出现连锁破产。而这一猜测终于在本书所提供的资料中得到了证实。本书明确说明了"围标"现象的广泛蔓延是导致这次担保制度改革的一个重要动因，而导致这一改革的另一项重要理由就是日本为履行作为 WTO 成员国的义务而需要使国内市场环境与国际惯例接轨。这一国际化问题显然也是中国当前所面临的问题。针对"围标"现象，草苅先生也注意到，尽管有了担保模式的改革，但由于指名竞争招标（相当于国内的邀请招标）在日本还相当普遍地被采用，要彻底清除"围标"依然任重而道远。同时，他还批评日本的预付款担保制度保护垄断经营，很可能成为滋生"围标"现象的另一温床。中国在推行工程担保制度的同时，建设领域也面临着严峻的反腐败任务。要做到从源头反腐败，就必须清楚了解每一项制度中可能潜在的腐败风险，特别是要在进行制度建设和制度创新时避免制度内生的新的腐败风险。从这个意义上讲，日本这次关于新履行保证制度的改革确实对中国的相关制度建设有着很大的启示。

另外，对照笔者在《中国工程保证担保制度的研究》中对担保制度模式的分类，本书所介绍的日本"新履行保证制度"是属于混合模式。它既可接受"金钱型保证"（保额为 10%，可以是银行保函或等额有价证券，保证人仅就受益人所蒙受的违约损失的金额进行赔付，对应于英文的 guarantee），也可接受"义务型保证"（保额 30%～40%，保证人履行保证责任时可以自行选择或赔付或代为履行，对应于英文的 surety bond）。前者即属于笔者在拙作中所称的"低保额"模式保函，而后者则属于"高保额"模式保函。草苅先生也注意到，对于"义务型保证"，保额比例越高越能促使保证人选择代为履行。他的这个经验从侧面应证了笔者在拙作中关于"高保额"模式和"低保额"模式的理论推测。

Surety bond 和 guarantee 在中文里通常都称作担保、保证和保函，很容易混淆，但却是两种不同的担保方式。"金钱型保证"和"义务型保证"这两个术语恰当地反映出两种担保方式在保证责任履行上的差异。为了与 guarantee 相区别，日本也将 surety bond 译作"保证证券"。因此，草苅先生在日文中将 ICC Uniform Rules for Contract Bonds（ICC 524 号出版物）译作《ICC 合同保证证券统一规则》。在本书的翻译中，为了尊重国内读者的阅读习惯，没有采用"保证证券"这个生僻的词汇，而依然将其译为《ICC 合同保函统一规则》，但希望读者能够注意到，这是一种关于"义务型保证"的规则，而不要与 ICC Uniform Rules for Demand Guarantee（ICC 458 号出版物）以及 ICC Uniform Rules for Contract Guarantee（ICC 325 号出版物）相混淆，后两种统一规则所规范的均是"金钱型保证"。"义务型保证"还有一个特点，就是一旦保证人选择了代为履行而非货币赔付，它就必须全面保证工程的顺利完工，而不得在工程尚未完工时以剩余工程造价已经超出了担保金额而推脱保证完工的责任。"义务型保证"的这一特点非常有利于业主实际项目目标的实现。因而也受到草苅先生的推崇。

草苅先生曾任《国际商会合同担保统一规则》（ICC524 号出版物）的起草委员会主席，又亲自参与了日本该项改革的全过程，并在相关法律通过后又进行了长达 3 年的跟踪调查，收集了社会各界对该项新制度实施情况的反馈意见，相信本书所提供信息对正在摸索工程担保制度方向的中国应该有着重要的参考价值。

回忆本书的翻译过程，非常感谢顾林生博士和黄湘露女士与笔者的精诚合作，也非常感谢草苅先生本人对本书中文版的翻译出版的大力支持。本书的翻译是非常有趣而又艰辛的过程。如果不是顾博士的建议，以笔者个人非常疏漏的日文功底，从未想过自己竟会有朝一日成为一本日本学术专著的合作译者。我们三人的分工是：笔者为专业知识总负责并承担原书后附的英文资料的翻译，顾博士为日本语言总负责，笔者与顾博士合作完成正文部分的翻译。黄女士则协助我们与草苅先生的沟通，并承担原书后附日文资料的翻译。在本书的翻译过程中，我们翻译小组内部，以及与草苅先生之间都不断进行着中、日、英三种语言的沟通。之所以沟通语言包括了英语，是因为笔者只能以英语与草苅先生沟通。三种沟通语言看似繁琐，却带来了一些意想不到的好处。这是因为工程担保制度在日本最初也是舶来品，不少词汇和概念是源自英语。特别是这次所推行的新履行保证制度，更是遵循国际惯例所制定，许多概念更是来自于英语。同样的英语词汇，在日本和中国都被翻译成为汉字，却相貌迥异，如果硬性套用日文汉字，则本来已经为中国读者所熟悉的概念就可能因此变得生僻，并造成误解。因此，笔者与草苅先生之间不断的英文讨论对于翻译小组准确理解草苅先生的本意和寻求更为适宜和准确的中文表达就有了很大的帮助。翻译的过程常常是：笔者与顾博士共同工作，就一些关键术语、文字进行讨论，由顾博士讲述他对原著表述的字面理解，再由笔者进行判断这一理解是否符合工程及担保领域的常识和合理逻辑，并向顾博士讲述相关背景知识，然后共同确定中文的表达方式。之后，我们将我们的工作成果通过互联网传给草苅先生和黄女士，由黄女士帮助草苅先生阅读我们初步的译稿，再将草苅先生的意见和建议反馈给我们。我们再对反馈意见进行讨论。如果有不同意见或发现相关意见不明确，就由我将相关意见用英文表述出来直接与草苅先生再度沟通，说服草苅先生接受我们的意见，或请草苅先生进一步说明他的意见。经常，一些意见分歧在英文沟通后很快就取得了共识。但有时，我们也会就一个术语的翻译反复推敲，往返 email 数次。在翻译过程中，笔者感到难度最大的就是，如何即充分忠实于原著，又尊重中国读者的习惯表述。草苅先生认为，本书涉及到许多日本法律方面的知识，应该尽量用日文原来的表述才不至于造成误解。因为日文所用也是汉字，这样做自然是万无一失的。但问题是这样译出来的文字常常又会与中文习惯表述相差太远，显得过分生僻，读起来晦涩。特别是对于已经形成中文习惯表达的术语，不予采用而另造术语，也可能会造成读者认知上的混乱。因此，我们三位译者常常陷于为难的左右利弊权衡之中，尽管已经竭尽所能地既追求文字通俗易懂，又尽量忠实于原著，并反复斟酌使翻译时间长达 1 年多，但也难免有不如人意之处，还望读者海涵并批评指证。

在本书即将付印之际，笔者感谢国际商会许可本书编入 ICC Uniform Rules for Contract Bonds（524 号出版物）的非正式中文版本，以确保了本书在编排上与原著内容保持统一。笔者还非常感谢中纪委驻建设部纪检组组长姚兵同志、建设部黄卫副部长、王宁司长、刘宇昕处长、王果英女士等对本书翻译工作的鼓励与支持，非常感谢清华大学土木水利学院袁驷教授、建设管理系刘洪玉教授、朱嬿教授、朱洪亮教授、方东平教授、王守清教授、清华大学公共管理学院薛澜教授、苏峻教授、王名教授、施祖麟教授、胡鞍钢教授、程文浩博士和任建明副教授等对笔者从事工程担保相关研究的一贯关心帮助与支持，感谢廉政研究室这个曾经合作战斗过的集体。

最后，中国建筑工业出版社的张惠珍女士、白玉美女士和崔勇先生，为使本书的顺利出版付出了最大的努力。笔者在此表示诚挚的谢意！同时，感谢国家自然科学基金的资助，项目号为 70203004。

邓晓梅

2004 年 4 月 7 日

于中关园

国际商会 524 号出版物版权标识

（1）的版权声明

This Chinese translation of ICC Uniform Rules for Contract Bonds（ICC publication No 524）is an unofficial translation authorised by ICC for the purposes of this book and may be subject to modification by ICC or an ICC national committee in the future. The only official version of ICC publication No 524 is the English version published by ICC Publishing

中文翻译：

本《合同保函统一规则》（国际商会 524 号出版物）中文翻译是国际商会为本书出版而授权的非官方翻译版。本规则的中文翻译可能会在未来由国际商会或国际商会下属的某国家委员会做出修订。国际商会 524 号出版物的唯一官方版本是由国际商会出版机构出版的英文版本。

（2）ICC 合同保函统一规则（国际商会 524 号出版物）的版权标识

ICC Uniform Rules for Contract Bonds

ICC Publication N°524（E）- ISBN92.842.1164.6

Published in its official English version by the International Chamber of Commerce.

Copyright© 1993 - International Chamber of Commerce（ICC），Paris

Available from：ICC Publishing S.A.，38 Cours Albert 1er，75008 Paris，France；and www.iccbooks.com

中文翻译：

ICC 合同保函统一规则

国际商会 524 号出版物（E）– ISBN92．842．1164．6

由国际商会以其官方英文版出版

版权ⓒ1993 – 国际商会（ICC），巴黎

可从国际商会出版机构获取：S.A.，38 Cours Albert 1ᵉʳ，75008 Paris，France 和www.iccbooks.com